Choose Your WoW!

働き方を最適化する
ディシプリンド・アジャイル・アプローチ

第2版

スコット・W・アンブラー
マーク・ラインズ

序文

あなたは特別な存在だ。美しく、雪の結晶が一つ一つ違うように唯一無二の存在だ。あなたの家族、友人、コミュニティ、チーム、仲間、同僚、あなたが仕事をしている業務部門や組織もそうだ。同じ従業員、同じ行動規範、同じプロセス、同じ現状、同じ阻害要因、同じ顧客、同じブランド、同じ価値観、同じ歴史、同じ言い伝え、同じアイデンティティ、同じ「ここでのやり方」を持つ組織は一つとして存在しない。

組織の振る舞いは創発的である。全体は部分の総和にとどまらず、全体は個々にはない独自の特性を持つ。空間で行動すれば、空間が変わる。個人と集団の振る舞いは、変化のきっかけとなる出来事によって変異し、自己組織化する。干渉は不可逆なものであり、それはコーヒーにミルクを加えるようなものだ。こうして、システムは変化する。人は何が起きたのか、どんな結果だったのか忘れない。システムは学習する。次にまた変化を起こす出来事が生じても、それに対する反応は前回の出来事を反映し、報奨に応じて良くも悪くも変わるだろう。コンテキストは独特であるばかりか、絶えず変化し、その変化の方法も変わっていく。

こうした独自性、創発性、適応性を踏まえると、あらゆるコンテキストで成果を最適化する一連のプラクティスを用意することは不可能だ。ある一連のプラクティスが、ある時点のコンテキストでは成果を向上させるかもしれない。しかし時が経てば、新しい阻害要因と成功要因が生じてシステムは変化するため、この一連のプラクティスは最適でなくなる。何にでも当てはまる方法というのは存在しない。あらゆる病を治す万能薬はないのだ。組織ではコンテキストの中にさらに無数のコンテキストがあり、それぞれが独特だ。様々なコンテキストに対して画一的な方法を適用することで、中には浮かび上がる船もあるかもしれない。しかし、それは他の船を沈ませ、さらに多くの船が浮かび上がろうとする頭を抑えつけることになるだろう。

プラクティスの内容だけでなく、どのようにプラクティスを採り入れるかも重要だ。改善を持続させ、アジリティを高めるためにアジャイルのマインドセットを適用するには、ローカス・オブ・コントロール(統制の所在)を内的なものに求める必要がある。人々はガードレールの内側で自律性と委譲された権限を持ち、必要な成果を改善するために実験を行える必要がある。高い整合性と高い自律性の両立が必要なのだ。ローカス・オブ・コントロールが外的で、権限委譲を損なうようなトップダウンの押し付けを避けなければならない。人は強制されると、起きたことに責任を負わず、承知のうえで不利益なことを行う(この行動は「代理状態」と呼ばれる)。

ディシプリンド・アジャイル®(DA™)は、こうした現実と、独自性、創発性、適応性という特性に合わせて設計されている。ディシプリンド・アジャイルは、ガードレール、ガイダンス、エンタープライズの意識を提供する。この点でほかに類を見ない。さらに、共通の用語と最小限の実行可能なガードレールを提供する。その結果、個々のチームにも、複数チームからなる一つのチームにも権限の委譲と自律がもたらされ、内的なローカス・オブ・コントロールを持ちながらチームが適切だと思う方法で成果を改善できるようになる。たとえば、義務づけられ、同期されるイテレーションベースのアプローチに全員が従う必要はない。わたしの経験では、組織が大規模で複数のコンテキストが存在する場合、同期されたイテレーションが適合するのは一つのコンテキスト(たとえば、熟達度の低い多数のチームが一つのプロダクトに取り組み、依存関係が解消または軽減されていない場合)のみであり、残りの99のコンテキストには適合しない。これでは、アジリティを実現するために、アジャイルのマインドセットを適用し

ていることにはならない。一部の業務部門では、最初からカンバン・アプローチを採用するのが適している。特に、「使者の首を打つ」（悪い知らせを伝えた人が責められる）ような病的な文化がある場合はなおさらだ。革命を起こすより進化するほうが、前進する見込みがある。革命には心理的安全性がなく、抵抗勢力も大きいため、苦戦がつきものだ。人々がアジリティが高い環境でアジャイルに20年以上取り組んできており、心理的安全性が確立できている業務部門であれば、より革命的なアプローチを採用することもあるだろう。土壌が肥えており、人々に意欲があり、失敗した実験も肯定的に見る下地があるからだ。

ディシプリンド・アジャイルならば、多様性に富んだ複雑な組織全体で、均質ではなく異種混合のアプローチを採用できる。DAには、「選択肢があるのは素晴らしいこと」、「コンテキストが肝心」、「エンタープライズの意識」などの原則がある。丸いペグを四角い穴に無理やり押し込まなくても、組織が必要とする規律は実現できる。DAは、共通の用語を提供するほか、プロセス・ゴールを介して、熟達度がさまざまな特有のコンテキストで検討すべき選択肢を提供する。人々がこれを活用するには、指示に従うのではなく自ら考える必要がある。アジャイルのためにアジャイルを追求するのではなく、特定の成果を達成するために責任を持って実験しなければならない。これは規範や*絶対的命令* に従うよりも難しく、サーバント・リーダーシップやコーチングが要求される。車の運転、スキー、楽器、オーケストラでの演奏やチーム・スポーツを習得するときと同様である。何にでも当てはまる方法は存在せず、規範もない（たとえば、「Spotifyモデル」をそのまま全社に採用するのは誤りであり、Spotify®はそれはSpotifyモデルでないとさえ言っている）。その状況の中で、このコンテキスト依存の、強制よりも推奨を重視するアプローチは成果の向上につながり、定着する可能性が高い。なぜなら、このアプローチは内発的であり、ローカス・オブ・コントロールも内的で、各人がその責任を認めているからだ。他人を責めることもなければ、ゴムバンドを不自然に伸ばしたままにする人もいない。なぜなら、継続的改善という筋肉を鍛え始めるからだ。

ディシプリンド・アジャイル内では、チームは自由にスクラムやスクラムをスケーリングしたパターン（LeSS、SAFe®、Nexus®、スクラム@スケールなど）を採用したり、固有のコンテキストで成果を最適化するために、プルベースの仕掛り作業（WIP）制限アプローチを進化させたものを採用したりできる。#noframeworksでも#oneframeworkでもなく、#allframeworksである。DAは、組織全体に最小限の実行可能な共通性と手引きを提供する。これらは、よほどシンプルな企業を除き、どの企業にとっても必要なものだ。

ディシプリンド・アジャイルを使って成し遂げようとしていることは、コンテキスト依存の異種混合アプローチでアジリティを実現することであり、これが組織全体の成果を最大限に高めることにつながる。何でもそうだが、これは目的地ではなく出発点と見なしてほしい。組織全体の熟達度が高まるにつれて、検査と適応を絶やさないことが肝心だ。本書は、異種混合の組織で働き方を最適化したいと考える人々にとって不可欠なガイドである。

ジョナサン・スマート@jonsmart
デロイト、エンタープライズ・アジリティ・リード
バークレイズ、Ways of Working元責任者

はじめに

ソフトウェア開発はきわめて単純明快であり、現代の組織で最もシンプルな仕事と言っても過言ではない。ソフトウェア開発に必要な技術的スキルはごくわずかであり、開発者側のコラボレーションもほぼ、あるいはまったく必要ない。ありふれた反復作業であるため、シンプルな反復可能プロセスに従えば誰でも開発できる。数十年前にいくつかのソフトウェア開発技法が確立され、合意されている。これらは数日もあればたやすく習得でき、全ソフトウェア実務者の間で広く容認され、知られている。ステークホルダーは、ライフサイクルの早い段階でニーズを明確に伝えることができる。彼ら／彼女らは快く対応してくれるし、わたしたちと一緒に仕事をすることに意欲的で、決して心変わりすることがない。過去に作成されたソフトウェアとデータ・ソースは高品質で、簡単に理解して進化させることができる。さらに、完全に自動化された回帰テスト・スイートと質の高いサポート文書も付属している。ソフトウェア開発チームは、常に自分たちの運命を完全にコントロールしている。また、わたしたちが直面する現実を反映し、それに対応する効果的なコーポレート・ガバナンス、調達、資金調達のプラクティスによってサポートされている。もちろん、優秀なソフトウェア開発者を雇い、保持するのも簡単だ。

残念ながら、上の段落で説明したことは現実にはほど遠い。現在あなたの組織が直面している状況とは似ても似つかない。ソフトウェア開発は複雑で、ソフトウェア開発者が働く環境も複雑である。必要な技術も複雑なうえに、絶えず変化している。おまけに、解決を求められる問題も複雑で変化している。今こそ、この複雑さを受け入れ、直面する状況を受け入れ、それらに真っ正面から取り組むべきだ。

本書を読むべき理由

アジャイルの原則の一つは、チームが定期的に振り返り、自分たちの戦略の改善に努めることだ。そのための方法として、帆船レトロスペクティブ（振り返り）ゲームというものがある。チームを阻止している錨は何か、どんな岩や嵐を警戒すべきか、成功の追い風になるものは何か探るゲームだ。そこで、チームが働き方（WoW）を選択しそれを進化させていくのを支援したいと思っている誰か（たぶん、あなた）というコンテキストで、このゲームを使ってアジャイル・プロダクト開発の現状を探ってみよう。

まず、次のような阻害要因が考えられる。

1. **プロダクト開発は複雑である**　プロフェッショナルが多くの報酬を得ているのは、その仕事が複雑だからだ。ソフトウェア開発やプロダクト開発には、要求、アーキテクチャー、テスト、設計、プログラミング、マネジメント、デプロイ、ガバナンス、さらに多くのさまざまな要素があり、それらのやり方は無数にある。わたしたちは、それらにどのようにアプローチするかに取り組み、働き方を検討しなければならない。さらに、ライフサイクルの最初から最後にわたってその方法を説明し、チームが直面する特有の状況にも対応しなければならない。いろいろな意味で、本書はソフトウェア開発者が直面する複雑さをありのままに映し出し、それに対応するためのコンテキストに応じた柔軟なツールキットを提供する。

2. **アジャイル・コンビナート（AIC）**　マーチン・ファウラーは、2018年8月にメルボルンで開催されたカンファレンスの基調講演で、「アジャイル・コンビナート」という造語を生み出した［Fowler］。ファウラーの主張によれば、わたしたちは今AICの時代にいる。つまり、規範的なフレームワークがチームと組織全体に押しつけられているのが常であり、これはおそらく、この風変わりなアジャイルという代物をマネジメントがある程度コントロールできるようにするためである。このような環境では、チームにとって有効であるかどうかにかかわらず、選ばれ

たフレームワークによって定義された一連のプロセスが「デプロイ」される。「これをデプロイします。あなたも気に入り、チームのものになるでしょう。ただし、これを変えようとか改善しようとは考えないように。マネジメントは『チーム・プロセスの変動性を制限する』ことを望んでいるのですから」、というわけだ。カネヴィンが指摘しているように、複雑な問題にシンプルなソリューションを当てはめても解決はできない[Cynefin]。

3. **アジャイルの成長が、経験豊富なコーチの供給量を大幅に上回った**　世の中に優れたアジャイル・コーチはいるが、残念ながら、需要に対して数が不足している。有能なコーチは、優れた人的スキルと、コーチング対象のトピックについて (数日間のトレーニングを受けただけでなく) 長年の経験を有している。多くの組織で、コーチが仕事を通じて効果的に学習している姿を見かける。これはさまざまな意味で、大学教授が学生より先に書籍を読み進めているようなものである。彼らは単純な問題なら対処できるが、AICのプロセスで対処できる範囲から大きくかけ離れた問題には手を焼くことになる。

船を座礁させかねない要因として、ほかにも次の点に警戒が必要である。

- **偽りの約束**　アジャイル・コーチが、アジャイルを採用すれば生産性が10倍になると主張しながら、その主張を裏づけるメトリクスは提供できないという話を聞いたことがあるかもしれない。あるいは、スクラムだと仕事が4倍速くなるというタイトルの本を読んだことがあるかもしれない[Sutherland]。しかし現実の組織における改善率は、小規模チームで約7〜12%、大規模チームで3〜5%という結果にとどまっている[Reifer]。
- **もっと銀の弾を**　狼人間をどうやって倒す？銀の弾で一発。1980年代半ば、フレデリック・ブルックスは、人々が望むであろう劇的な生産性の向上をもたらす何かは存在しないと説いた。そのような変化をソフトウェア開発分野で起こすことも、そのような技術を購入することも、そのようなプロセスを採用することも、そのようなツールをインストールすることも不可能だ、と[Brooks]。すなわち、「2日間のトレーニングで『認定マスター』になれる」、「4日間のトレーニングでプログラム・コンサルタントになれる」などのスキームで、その場しのぎの約束をしていても、ソフトウェア開発に銀の弾 (特効薬) はないのだ。実際に必要なのは、高いスキルを持ち、知識豊富で、できれば経験を積んだ人物と効果的に協力することである。
- **プロセス・ポピュリズム**　わたしたちは次のような組織によく出くわす。ソフトウェア・プロセスに関するリーダーシップの意思決定プロセスが、自分たちの状況に何が最善かを見極めることよりも、「何が人気なのか」あるいは「競合は何を採用しているのか」を、業界分析を専門とする企業に尋ねることに行き着く組織だ。プロセス・ポピュリズムは、偽りの約束と、組織のプロセスを改善する上で直面する重大な課題に対処できる特効薬を見つけたいというリーダーシップの願望によって煽られる。アジャイルのほとんどの手法とフレームワークは、マーケティングでどう謳われていようが、規範的である。存在する何千もの技法から一握りの技法を与えられるものの、それらの技法をテーラリングするための明示的な選択肢は与えられないなら、それは規範的も同然だ。多くの人が何をすべきか指示してほしがっていることは理解しているが、直面している現実の問題を、その手法やフレームワークが実際に扱っていなければ、それらを採用しても大して状況を改善する役には立たないだろう。

幸いなことに、本書には次のような「追い風」の要因もある。

- **独自性を受け入れる**　本書は、チームは唯一無二の存在であり、直面している状況も千差万別だと認識している。採用に大きな混乱とリスクが伴う、「万能」なプロセスという偽りの約束とは決別しよう。
- **直面する複雑さを受け入れる**　ディシプリンド・アジャイル®(DA™) は、直面する本質的な複雑さをありのままに映し出し、それをわかりやすく表現することで、あなたのプロセス改善努力の指針となる。単純化された銀の弾丸のような手法や、プロセスフレームワークは、組織が実際に直面する (そして認定トレーニングには合わない) 無数の課題を覆い隠してしまう。そんな手法やプロセスフレームワークは、もうたくさんだ。

- **明確な選択肢を提供する**　本書は、より良いプロセス上の意思決定に必要なツールを提供する。より良い意思決定は、より良い成果につながる。つまり、チームは自分たちのプロセスに責任を持ち、組織の全体的な方向性を反映した働き方 (WoW) を選択できるようになる。本書は、「ポピュリスト・プロセス」を鵜呑みにして採用するのではなく、チームベースのプロセス改善戦略であるガイド付き継続的改善 (GCI) の実証された戦略を提示する。
- **特定の考え方に依存しないアドバイスを提供する**　本書の内容は、単一のフレームワークや手法のアドバイスに限定したものでも、アジャイルとリーンにも限定したものでもない。わたしたちの哲学は、出自を問わず優れたアイデアを探すことであり、ベストプラクティスというものは存在しないのだと認識することだ (ワーストプラクティスもない)。新しい技法を学ぶとき、わたしたちはその強みと弱みは何か、そしてどんな状況に適用できるのか (できないのか) を理解しようと努める。

わたしたちが提供するトレーニングでは、次のようなコメントがよく寄せられる。「これを5年前に知っていたら良かったのに」、「わたしのスクラム・コーチがこれを知っていたら良かったのに」、「このワークショップに参加するまでアジャイル開発のことは何でも知っていると思っていたけど、間違っていた」。あなたも本書を読めば、まったく同じように感じることだろう。

本書の構成

本書は次の七つの章で構成されている。

- **第1章：働き方の選択**　ディシプリンド・アジャイル(DA)ツールキットの概要。
- **第2章：規律の実現**　ディシプリンド・アジャイリストの価値観、原則、哲学。
- **第3章：ディシプリンド・アジャイル・デリバリー (DAD) とは**　DAツールキットのソリューション・デリバリー部分であるディシプリンド・アジャイル・デリバリー (DAD) の概要。
- **第4章：役割、権利、責任**　個人と対話についてのディスカッション。
- **第5章：プロセス・ゴール**　プロセスの規定に従うのではなくプロセスの成果を重視し、チームが目的に合ったアプローチを採用できるようにする方法。
- **第6章：適切なライフサイクルの選択**　複数のチームがそれぞれ独自の方法で働きながらも、一貫したガバナンスを実現する方法。
- **第7章：規律ある成功**　ここからどこに向かうべきか。

もちろん、参考資料、略語の一覧、索引などの後付けもある。

本書の対象読者

本書は、チームの働き方 (WoW) を改善したいと考えている人々を対象としている。また、アジャイルの純度にかかわらず、「アジャイルの枠組み」にとらわれずにものごとを考え、新しい働き方を実験する意欲がある人々を対象としている。さらに、コンテキストが肝心であること、誰もがそれぞれ独自の状況で独自の方法で働くこと、そして何にでも当てはまるプロセスはないと認識している人々を対象としている。独自の状況に置かれているとはいえ、前に似た状況に直面した他者がさまざまな戦略をすでに考え出しており、それらを採用してテーラリングすることが可能だ。つまり、他者がプロセスについて学習したことを再利用することで、組織にとって重要なビジネス価値を高めることにエネルギーを注げる。本書はこの点を理解している人々も対象としている。

本書執筆の狙いは、DAの概要をDADの部分に焦点を絞って紹介することである。

謝辞

わたしたちが本書を執筆するに際して意見やアドバイスを提供し、惜しみなく協力してくれた以下の方々にお礼を述べたい。彼らの協力なしに本書を完成させることはできなかっただろう。

Beverley Ambler
Joshua Barnes
Klaus Boedker
Kiron Bondale
Tom Boulet
Paul Carvalho
Chris Celsie
Daniel Gagnon
Drennan Govender
Bjorn Gustafsson
Michelle Harrison
Michael Kogan
Katherine Lines
Louise Lines
Glen Little
Lana Miles
Valentin Tudor Mocanu

Maciej Mordaka
Charlie Mott
Jerry Nicholas
Edson Portilho
Simon Powers
Aldo Rall
Frank Schophuizen
Al Shalloway
David Shapiro
Paul Sims
Kim Shinners
Jonathan Smart
Roly Stimson
Jim Trott
Klaas van Gend
Abhishek Vernal
Jaco Viljoen

目次

第1章

働き方の選択

プライドが身の破滅を招くこともある。
だから、サポートや指導を他者に求めるべきタイミングを会得しなければならない。―ベア・グリルス

本章の要点

- ディシプリンド・アジャイル・デリバリー（DAD）チームは、働き方（WoW）を自ら選ぶことのできる自律性を備えている。
- 「アジャイルである」と同時に「アジャイルをする」方法を知っている必要がある。”
- ソフトウェア開発とは複雑なものであり、それをどのように行うべきかに対する簡単な答えなど存在しない。
- ディシプリンド・アジャイル®（DA™）は、働き方を選ぶ（Choose Your WoW™）ための足場、すなわち、特定の考え方に依存しないアドバイスが詰まったツールキットをもたらす。
- 自分たちと同じような課題に直面し、それを克服してきた人々は過去にも存在する。
- 本書は、まずは働き方を選んでから、それを時間をかけて進化させるための手引きとして利用できる。
- 真のゴールは、アジャイルであることやアジャイルをすることではなく、組織にとって望ましい成果を効果的に実現することである。
- 意思決定の向上は成果の向上につながる。

*Choose Your WoW*へようこそ。本書は、アジャイルソフトウェア開発チーム、より正確に言えばアジャイルまたはリーンなソリューション・デリバリー・チームが働き方(WoW: Way of Working)を自ら選ぶにはどうすればいいのかをテーマにした本である。本章では、働き方を選ぶことがなぜ重要であるのかという点に関するいくつかの基本的な概念と、その選択方法についての基本的な戦略、そして、効果的な選択に本書がどのように役立つのかについて説明する。

チームが働き方を自ら選ぶべき理由

アジャイル・チームは一般に、プロセスを自分たちのものにすべきだ、つまり、働き方を自ら選ぶべきだと言われる。これは、次に挙げるいくつかの理由から、きわめて的確なアドバイスである。

- **コンテキストが肝心**　人やチームの働き方は、自分たちが置かれた状況のコンテキストに応じて変わるものである。人は誰しも唯一無二の存在であり、チームもすべて唯一無二の存在であるため、まったく同じ状況に置かれたチームは二つと存在しない。5人編成のチームは、20人編成のチームとも、50人編成のチームとも違った働き方をするだろう。安全性に関する規制が課された状況に置かれたチームの働き方は、規制とは無縁の状況に置かれたチームの働き方とは異なるはずだ。スキルセットや嗜好、経歴は人それぞれなのだから、チームが違えば働き方も違って当然なのである。
- **選択肢があるのは素晴らしいこと**　チームが高いパフォーマンスを上げるには、自分たちが直面している状況に対応するためのプラクティスや戦略を自ら選べるようでなければならない。そのためには、どのような選択肢が存在するのか、それぞれの選択肢にはどのようなトレードオフがあるのか、どのような場合に適用すべ

1

きなのか（または適用すべきではないのか）を知っている必要がある。言い換えれば、ソフトウェア開発プロセスに関する深い造詣があるか（これがある人はなかなかいない）、そのようなプロセス関連の選択を行うのに役立つ良質な指針を持っている必要があるということだ。幸い、本書はたいへん良質な指針である。

- **わたしたちはフローを最適化すべきである**　わたしたちが望むのは、効果的な働き方をすることと、理想を言えば、その結果として顧客やステークホルダーを喜ばせることだ。そのためにはチーム内のワークフローと、組織の他のチームとの協働作業におけるワークフローとを最適化する必要がある。
- **わたしたちは最高でありたいと思っている**　人は、誰しも、自分の仕事は最高にうまくこなせるようでありたいと思うのではないだろうか？最高のチームで、あるいは最高の組織のために働きたいと思うのでは？最高であるためには、チームが働き方を自ら選択できることと、より良い働き方を特定できるようにチームが絶えず実験できることが重要な要素である。

要するに、今こそアジャイルに立ち返るべきだとわたしたちは考えているわけである。マーチン・ファウラーは最近、「アジャイル・コンビナート」という造語を生み出した。これは、多くのチームが「似非アジャイル」戦略（「名ばかりのアジャイル[AINO]」と呼ばれることもある）に従っている状況を表現した言葉である。こうした状況は往々にして、組織がスケールド・アジャイル・フレームワーク（SAFe®）[SAFe]のような規範的なフレームワークを採用したうえで、チームに対しても、そうするのが実際に合理的であるか否かにかかわらず（合理的ではないケースがほとんどである）、そのフレームワークを採用することを強いている、あるいは、組織の標準として採用されているスクラム[ScrumGuide、SchwaberBeedle]に従うことをチームに強いていることの所産である。だが、<542></542>本家本元のアジャイルは、個人と対話をプロセスやツールよりも重視するという非常にわかりやすいものだ。つまり、チームは働き方を自ら選び、それを進化させることを許されるべきであり、さらに欲を言えば、そのためのサポートを受けるべきなのである。

「アジャイルである("Be Agile")」と同時に「アジャイルをする("Do Agile")」方法を知っていることが必要なのだ。

スコットの娘オリビアは11歳である。オリビアとその友人たちは、わたしたちがこれまで出会った中でも屈指のアジャイルな人々だ。互いを尊重し（11歳の子供なりに最大限に）、頭が柔らかく、コラボレーションに積極的で、学習意欲が高く、絶えず実験をしている。オリビアたちがアジャイルのマインドセットを身に付けていることは明らかだ。しかし、ソフトウェア開発をオリビアたちに依頼したら大惨事になるだろう。なぜだろうか。それは、スキルがないからだ。同様に、数百万ドル規模の契約の交渉や、新製品のマーケティング戦略の策定、4,000人が関与するバリュー・ストリームの指揮などを任せても大惨事になるだろう。そのようなスキルは、時間をかければ身に付けることもできる。だが現時点では、オリビアたちはきわめてアジャイルであるにもかかわらず、自分たちが何をしているのかまったくわかっていないのだ。わたしたちはまた、ごく自然にコラボレーションすることができ、業務遂行に必要なスキルも備えてはいるものの、おそらくはまだ経験不足であるために、自分たちの仕事がエンタープライズレベルに及ぼす影響を理解できないであろう、ミレニアム世代から構成されたチームも目にしてきた。そしてもちろん、経験こそ何十年も積んでいるが、コラボレーション型の働き方をした経験に乏しい人々からなるチームも目にしてきた。このような状況はいずれも理想的とは言えない。要するに、アジャイルのマインドセットを備えていること、つまり「アジャイルである」ことは絶対に不可欠だが、それと同時に、「アジャイルをする」ために欠かせないスキルと「エンタープライズ・アジャイルをする」ために必要な経験も備えていなければならないのである。本書の重要な側面の一つは、アジャイル・チームやリーン・チームが成功するために必要であると考えられるスキルを包括的に扱っていることだ。

真のゴールは、組織にとって望ましい成果を効果的に実現することであり、アジャイルであることや、アジャイルをすることではない。アジャイルな働き方をしていたとしても、間違ったものや、すでに存在するもの、あるいは組織全体の方向性に合わないものを作っていては意味がないのだ。真に注力しなければならないのは、組織を成功に導くような成果を実現することである。そして、より効果的な働き方ができるようになれば、そのような成果は実現しやすくなるはずだ。

簡単な答えなどないことを受け入れる

わたしたちがプロとして行っている仕事はチャレンジングだが、そうでなければわたしたちは今頃、自動化により失業しているだろう。チームは、自分たちが所属する組織のコンテキストの中で、進化し続ける一連のテクノロジーを利用して、多種多様なビジネス・ニーズのために働いている。そして、さまざまな経歴や嗜好、経験、キャリア・ゴールを持つ人々とともに働いており、それらの人々は、自分たちとは異なるグループや、ともすれば異なる組織に属しているかもしれない。

わたしたちは、このような複雑さを受け入れるべきだと考えている。なぜなら、そうすることこそが効果的に働き、さらに欲を言えば、最高であるための唯一の方法だからだ。働き方の重要な側面を軽視したり、それどころか無視したりすると、たとえばアーキテクチャーならば、その領域で手痛いミスをする傾向がある。以前にアジャイルではないガバナンスで嫌な思いをしたからといって、働き方のガバナンスなどの側面を軽視すると、チーム外の人がその側面に責任を持ち、アジャイルではないプラクティスをわたしたちに押し付けてくる危険性がある。このように、働き方の何らかの側面を軽視することは、アジリティにつながるどころか阻害要因として働くのである。

わたしたちは先達が学習したことを活用できる

チームが犯しがちなミスの一つは、自分たちの直面している状況が独特であるという理由だけで、働き方をゼロから考え出す必要があると思い込むことだ。これはまったくの誤解である。新しいアプリケーションの開発に取り組む際、新しい言語や新しいコンパイラー、新しいコード・ライブラリーなどをゼロから開発したりするだろうか。もちろん答えはノーだ。すでに世に出回っているものを採用し、それらを独特な方法で組み合わせたうえで、必要に応じて調整するはずである。開発チームはテクノロジーのいかんにかかわらず、実証済みのフレームワークやライブラリーを活用することによって生産性と品質の向上を図る。プロセスについても同じことが言えるはずだ。本書で紹介しているように、世の中には過去に何千というチームによって実践され、その効果を証明されているプラクティスや戦略が、何千とは言わないまでも数百と存在する。ゼロから出発する必要などない。むしろ、既存のプラクティスや戦略を組み合わせ、それを目の前の状況に応じて適切に調整することによって、自分たちの働き方を構築すればいいのだ。ディシプリンド・アジャイル（DA）には、この作業の進め方を合理的にわかりやすく案内するツールキットが用意されている。わたしたちはディシプリンド・アジャイル・デリバリー（DAD）に関する最初の著作[AmblerLines2012]を発表して以来、次のような反応を得てきた。それは、DADは戦略やプラクティスの宝庫と見なされてはいるものの、実務者にとっては、戦略をどのように参照して利用すべきか理解しにくいこともあるというものだ。本書のゴールの一つは、DADをよりわかりやすいものにすることで、働き方のカスタマイズに必要なものごとを簡単に見つけられるようにすることである。

本書全体に目を通すと、参考文献が多数紹介されていることに気づくだろう。これには三つの理由がある。一つ目は、認めるべき功績を認めるため。二つ目は、詳しい情報がどこで得られるのか示すため。三つ目は、個々のアイデアを掘り下げるよりも、さまざまなアイデアを要約し、それらをコンテキストに当てはめることに注力できるようにするためである。本書では参考文献を挙げる際、[MeaningfulName（意味のある英語の名称）]という形式を使用している。これは、巻末の参考文献一覧に、該当する項目が存在することを示す。

DAの知識があればチーム・メンバーとしての価値は大幅に高まる

DAを利用している組織からよく聞き、引用しても構わないと言われている話がある。それは、DAの学習（と、チャレンジングな認定の取得を通じてそれを証明すること）に投資したチーム・メンバーは、貢献者としての価値が高まるということだ。その理由は、わたしたちにとってはきわめて明白である。理解している実証済みの戦略のストックが増えれば、チームは意思決定の質を高めて「早く失敗する」ことを減らし、「早く学習して成功する」ことができ

るからだ。自分たちが利用できる選択肢を集団として認識できていないことは、期待されているアジリティをチームがなかなか実現できずに苦労する、よく見られる原因の一つである。そして、これはまさに、選択肢を与えてくれない規範的な手法またはフレームワークを採用したときに起こることにほかならない。すべてのチーム・メンバー、中でも特にコンサルタントは、自己組織化の一環としてチームのプロセスをカスタマイズするために、さまざまなアイデアが詰め込まれたツールキットを持参することを期待されている。より充実したツールキットと、広く認知されている用語の知識は、持っていて損がないものだ。

ディシプリンド・アジャイル（DA）ツールキットはわかりやすい指針になる

わたしたちが時間をかけて学んだことの一つは、読書やワークショップへの参加を通じてDAの概念を理解していても、DAの実践には手こずる人もいるという事実である。DAはわかりやすい形で示された、きわめて充実した知識体系だ。

ここで朗報がある。それは、本書の内容がゴール別にまとめられているということと、そのようなゴール駆動のアプローチを採用しているがゆえに、目の前の状況に必要なガイダンスを見つけやすい構成になっているということだ。このツールキットは、望ましい成果をより効果的に実現できるようになることを目的として、次の用途で日々の仕事の中で利用できる。

- コンテキストに応じたプロセスの参考資料
- ガイド付き継続的改善（GCI）
- プロセステーラリング・ワークショップ
- レトロスペクティブ（振り返り）の強化
- コーチングの強化

コンテキストに応じたプロセスの参考資料

先に述べたように、本書は参考資料として作成されている。本書を手元に置いておけば、特定の課題に直面した際に利用できる戦略をすぐに参照できて重宝するだろう。本書はプロセスに関する選択肢を紹介するとともに、さらに重要な点として、それらの選択肢をコンテキストに当てはめている。これを実現するために、DAは次の三つのレベルの足場から構成されている。

1. **ライフサイクル** 働き方に関するガイダンスの最も概要的なレベルに位置するのは、ライフサイクルである。このレベルにおいてDADは、最も方法論らしいものになる。DADは図1.1に示すように、6種類のライフサイクルをサポートすることで、チームが自分たちにとって最適なアプローチを柔軟に選択できるようになっている。これらのライフサイクルとその選び方については、第6章で詳しく取り上げる。同章ではまた、複数のチームに対するガバナンスを、各チームが異なる働き方をしていても一貫した形で行うための方法についても説明する。

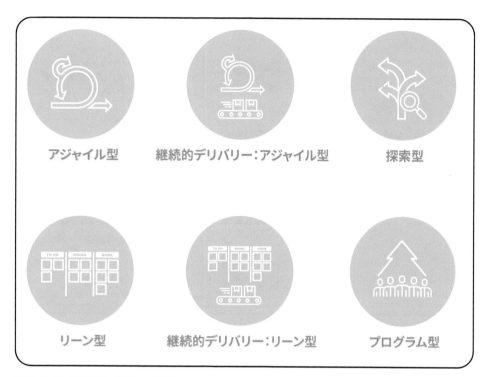

図1.1 DADのライフサイクル

2. **プロセス・ゴール**　図1.2は「品質の改善」というプロセス・ゴールのゴール図、図1.3はゴール図の表記法の概要を示したものである。DADは、24種類のプロセス・ゴールの集合であると言える。このプロセス・ゴールは、プロセスの成果と言い換えることもできる。各プロセス・ゴールは、ディシジョン・ポイントの集合として表現される。ディシジョン・ポイントとは、チームがそれに取り組むべきかどうか、取り組むべきならばどのように対処するのかを判断する必要のある課題を指す。ディシジョン・ポイントに取り組むためのプラクティスや戦略の候補はリストとして提示される（多くの場合、組み合わせ可能）。ゴール図は、概念的にはマインド・マップに似ている。ただし、矢印が引いてある場合、上から順に選択肢の効果が高いことを示している（訳註：リストの上位のものほど効果が高い）。ゴール図は、要するに、チームがそのスキル、文化、状況を前提にして今すぐ実行できる最善の戦略を選択するための単純明快なガイドである。このゴール駆動のアプローチについては、第5章で詳しく取り上げる。

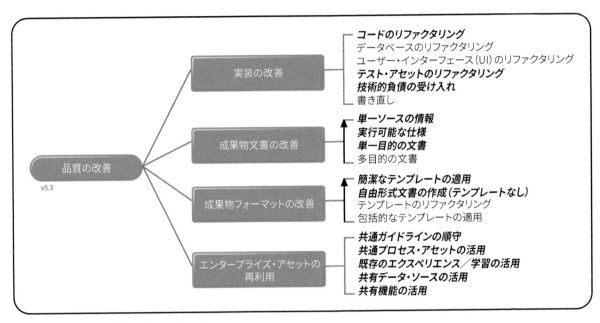

図1.2 プロセス・ゴール「品質の改善」

3. **プラクティス/戦略**　働き方に関するガイダンスの最も詳細なレベルに位置するのは、プラクティスと戦略である。これらはゴール図の右側にリストアップされている。図1.2に示したようなゴール図が持つ重要な意味合いの一つは、候補となるプラクティスや戦略を特定して試すために、プロセス関連の専門知識はそれほど多くは必要ないということだ。本書で説明しているDAの基礎知識を備えていて、選択肢の候補をすばやく見つけられるようにゴール図の使い方に慣れていれば十分である。利用可能な選択肢は調べることができるので、必ずしもすべて記憶する必要はない。それぞれの選択肢の詳しい知識も不要である。なぜなら、各選択肢の概要とコンテキストはディシプリンド・アジャイル・ブラウザ［DABrowser］にまとめられているからだ。図1.4は、その一例を示したものである。この例で確認できるのは、プロセス・ゴール「品質の改善」のディシジョン・ポイント「実装の改善」について記載された情報の一部だ。具体的には、当該のディシジョン・ポイントと、その最初の二つの選択肢についての説明である（残りの選択肢はこのツール内で下へスクロールすれば閲覧できる）。

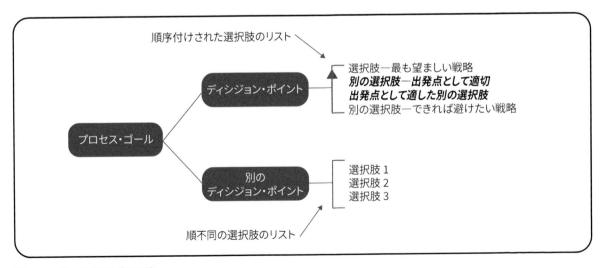

図1.3 ゴール図の表記法

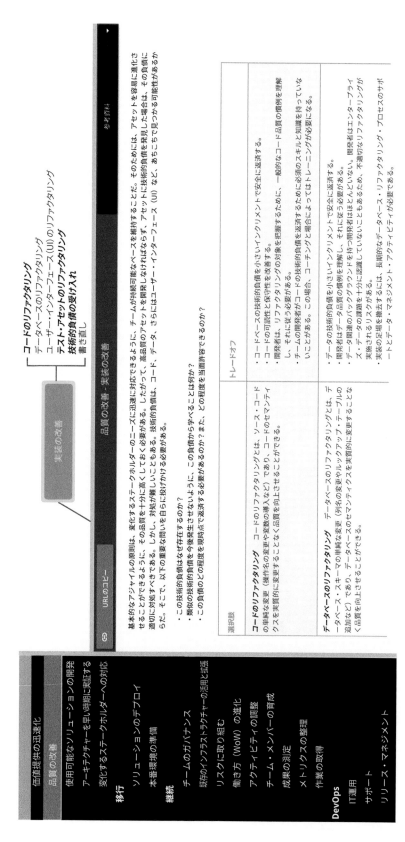

図1.4 DA Browserで表現された技法の詳細

改善はさまざまなレベルで起こる

プロセスの改善、すなわち働き方の進化は、組織全体で起こる。組織とは、互いにやりとりし合うチームやグループの集合体であり、それぞれのチームやグループは絶えず進化している。働き方を自ら進化させたチームは、やりとりの相手である別のチームを刺激して変化を促す。このようにプロセスは絶えず進化し、願わくは向上していく。さらに、人は誰もが唯一無二の存在である。こうした理由から、人々がどのように共同作業を行うことになるのか、またはその共同作業がどのような所産をもたらすのかは予測できないものになる。要するに組織とは、複雑適応系システム（CAS）[Cynefin] なのだ。この概念を大まかに図解したのが、チーム、組織領域（部門、事業部門、バリュー・ストリームなど）、エンタープライズ・チームを描いた図1.5である。ありのままに描くと複雑すぎるため、図1.5は単純化されている。チーム間のやりとりや組織の境界線をまたいだやりとりは、実際にはこれよりもはるかに多い。また、大規模なエンタープライズでは、ある組織領域がエンタープライズ・アーキテクチャーや財務のような「エンタープライズ」グループを自前で有していることもある。

働き方を自ら選ぶということには、次のようないくつかの興味深い意味合いがある。

1. **すべてのチームが異なる働き方をすることになる**　これは非常に重要なことだ。
2. **他のチームと共同作業を行ったときは常に、学習したことを反映させるために働き方を進化させることになる**
   わたしたちは別のチームと共同作業を行うことで、設定された何らかの実現すべき成果を実現するだけでなく、多くの場合は、相手から新しい技法を学んだり、相手との新しいコラボレーションの方法を学んだりする（それらは、相手が他のチームとの共同作業で学んだことかもしれない）。
3. **他のチームから学ぶことを意図的に選択できる**　チーム間で学習したことを共有するために組織内で採用できる戦略は数多く存在する。たとえば、実務者によるプレゼンテーション、プラクティス・コミュニティ（CoP）

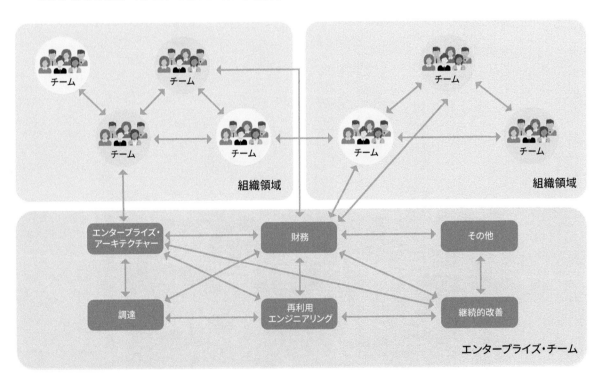

図1.5 組織は複雑適応系システム（CAS）

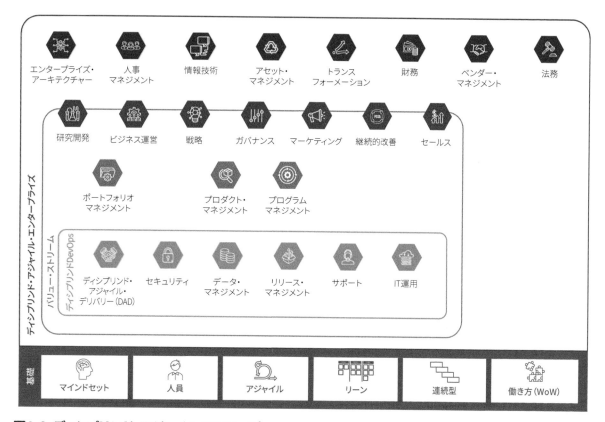

図1.6 ディシプリンド・アジャイルのスコープ

またはギルド、コーチングなど、枚挙にいとまはない。チームレベルの戦略はプロセス・ゴール「働き方の進化」、組織レベルの戦略はプロセス・ブレード「継続的改善」[1]　　［ContinuousImprovement］で表現されている。要するにDAツールキットとは、自分たちの働き方を特定の考え方に依存することなく選ぶうえで利用できる生産的なリソースなのだ。

4. **組織の変革活動や改善活動の恩恵を享受できる**　改善とは、チームレベルで実現できるものであり、また実現すべきものである。それと同時に、組織領域レベルでも実現できるものである（たとえばわたしたちは、ある領域内のチーム間のフローを最適化するために協力することもできる）。改善はさらに、DADチームの外側でも実現される必要がある（たとえばわたしたちは、エンタープライズ・アーキテクチャー、財務、人事マネジメントの各グループが組織内の他部署とより効果的にコラボレーションできるように手助けすることもできる）。

図1.6に示すように、DAツールキットは次の四つのレイヤー（層）から構成されている。

1. **基礎**　基礎レイヤーは、DAツールキットの概念的な土台を形成するものである。
2. **ディシプリンドDevOps**　DevOpsとは、ソリューションの開発と運用を合理化することを意味し、ディシプリンドDevOpsとは、DevOpsに対するエンタープライズレベルのアプローチを指す。このレイヤーには、本書のテーマであるディシプリンド・アジャイル・デリバリー（DAD）に加え、DevOpsのその他のエンタープライズの側面が含まれる。

---

[1]一つのプロセス・ブレードは、アセット・マネジメント、財務、セキュリティといった、凝集度の高い一つのプロセス領域を扱う。

3. **バリュー・ストリーム**　バリュー・ストリーム・レイヤーは、アル・シャロウェイのFLEX（現在はDA　FLEXと呼ばれる）に基づいている。いくら画期的なアイデアを思いついたとしても、そのアイデアを市場や社内で実現できなければ意味はない。DA FLEXは、組織のさまざまな戦略を結びつける接着剤のようなものであると言える。つまり、効果的なバリュー・ストリームとはどのようなものなのかを見える化することで、組織の各部分を改善するための意思決定を全体のコンテキストを踏まえて行えるようにするものである。

4. **ディシプリンド・アジャイル・エンタープライズ（DAE）**　DAEレイヤーは、組織のバリュー・ストリームを支えるエンタープライズ・レベルのアクティビティのうち、既出のレイヤーでは扱わないものに焦点を合わせる。

チームは、どのようなレベルで業務をしているかにかかわらず、働き方を自ら選ぶことができるし、また選ぶべきである。本書ではDADチームに重点を置くが、ときにはチームや組織を横断した課題についても、必要に応じて詳しく取り上げる。

ガイド付き継続的改善（GCI）

多くのチームは、スクラム［ScrumGuide、SchwaberBeedle］やエクストリーム・プログラミング（XP）［Beck］、ダイナミック・システム開発技法（DSDM）-Atern［DSDM］のようなアジャイル手法を採用するところからアジャイルの旅を始める。「スケーリング」に取り組む大規模チームは（スケーリングとは一体どのようなもののなのかについては第2章で取り上げる）、たとえば、SAFe®［SAFe］、LeSS［LeSS］、Nexus®［Nexus］などを採用することを選ぶかもしれない。これらの手法やフレームワークはいずれも、アジャイル・チームが直面する特定のクラスの問題を扱うものであり、わたしたちから見れば、選択肢をあまり与えてくれないという点で、かなり規範的だ。特に、フレームワークが理想的でないコンテキストに適用された場合、チームはしばしば、それらのフレームワークを「デスケーリング」して、自分たちの状況に当てはまらないテクニックを削除し、当てはまる他のテクニックを追加することに膨大な時間を投資する必要に迫られる。しかし、フレームワークを適切なコンテキストで適用すれば、それらはきわめて有効に機能するのは事実だ。このような規範的な手法またはフレームワークのいずれかを採用することに成功したチームのパフォーマンスは、図1.7に示すような曲線をたどる傾向にある。当初、パフォーマンスは低下するが、これはチームが新しい働き方を学習するためにトレーニングに時間を投資し、多くの場合は新しい技法を学習している最中だからである。やがてパフォーマンスは向上し、元の水準を上回るが、新しい働き方が定着すると、最終的には横ばい状態になる。状況が上向いても、改善に向けた協調的な努力をしなければ、チームのパフォーマンスはいずれ頭打ちになる。

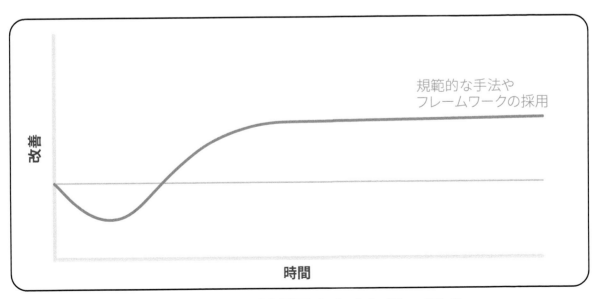

図1.7　アジャイルの手法またはフレームワークを採用したチームのパフォーマンス

図1.7については、こんなことはありえない、スクラムを採用すれば半分の時間で2倍の仕事がこなせるようになるはずだ［Sutherland］、という意見が寄せられることもある。残念ながら、生産性が4倍に向上するというこの主張は、現実には通用しないようだ。155の組織と1,500組のウォーターフォール・チーム、1,500組のアジャイル・チームを対象に行われた最近の調査によれば、アジャイル・チーム（大部分がスクラムを採用）の実際の生産性向上率は7〜12％程度にとどまっているのである［Reifer］。スケーリングの場合（組織の大半がSAFeを採用）、その向上率は3〜5％まで低下する。

チームが働き方を改善するための一助として採用できる方法は数多く存在し、それらの戦略はプロセス・ゴール「働き方の進化」によって表現されている。改善に対しては実験的なアプローチで取り組むことを勧める向きが多いが、それ以上に効果的なのがガイド付きの実験であるというのがわたしたちの考えだ。アジャイル・コミュニティには、レトロスペクティブ（振り返り）に関するアドバイスが豊富に存在する。レトロスペクティブとは、チームが自分たちの改善ぶりについて振り返るワーキング・セッションのことだ。そして、リーン・コミュニティには、振り返りの結果に基づいていかに行動すべきかについての素晴らしいアドバイスが存在する［Kerth］。図1.8は、W・エドワーズ・デミングの計画−実行−学習−改善（PDSA）の改善ループ（カイゼン・ループと表記されることもある）［Deming］を要約したものである。デミングは当初、継続的改善に対するアプローチとしてこのPDSAを提唱していたが、のちにこれを計画−実行−チェック−改善（PDCA）へと発展させた。そのPDCAは、1990年代にはビジネス界で、2000年代初期にはアジャイル・コミュニティで人気を博した。しかし、あまり知られていない事実がある。それは、デミングはPDCAを何年か実験してみて、PDSAほど効果的ではないことに気づき、PDSAに立ち返ったということだ。両者の主な違いは、「学習」のアクティビティに由来していた。「学習」のアクティビティには、ある変更の実際の効果のほどを測定し、それについてより深く考える意欲を引き出す効果があったのだ。したがってわたしたちは、デミングの遺志を尊重して、PDCAではなくPDSAを推奨することにした。というのも、このようなクリティカル・シンキングは、改善の定着につながると考えたからである。継続的改善活動の指針としては、米国空軍のジョン・ボイド大佐が唱えたOODA（観察−方向付け−意思決定−行動）ループを支持する向きもあるが、わたしたちのアドバイスは例のごとく、「自分たちにとって効果のあることをすべし」というものだ［Coram］。どの改善ループを採用するかにかかわらず忘れてはいけないのは、チームは複数の実験を並行して行うことができるし、おそらくは行うべきであるという点である。これは、複数の潜在的な改善点がプロセスの異なる領域に存在し、それゆえ、それらの改善点が互いに影響を与え合うことがない場合には特に当てはまる（潜在的な改善点が互いに影響を与え合う場合、それぞれの実験の効果は判断しづらくなる）。

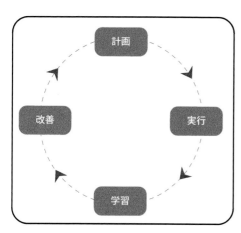

図1.8 PDSAの継続的改善ループ

PDSA、PDCAまたはOODAの継続的改善ループ戦略の基本的な考え方は、小さな変更を積み重ねることによって自分たちの働き方を改善するというものだ。リーン・コミュニティにおいてこの戦略は、そのまま日本語で「カイゼン（Kaizen）」と呼ばれる。図1.9に示したのは、実験を行う際のワークフローである。最初のステップは、潜在的な改善点を特定することだ。潜在的な改善点とは、自分たちの状況のコンテキストにおいてどの程度有効なのか確かめるために実験したいとチームが考える、新たなプラクティスや戦略などを指す。潜在的な改善点の有効性は、明確な成果を測定することによって確認する。たとえば、ゴール-質問メトリクス（GQM）［GQM］や目標と主な結果（OKR）［Doer］などを利用して特定することになる。新しい働き方を適用した効果を測定することは、検証による学習［Ries］の一例である。留意しなければならないのは、図1.9はチームが1回の継続的改善ループで一度通る経路を詳述したものであるという点だ。

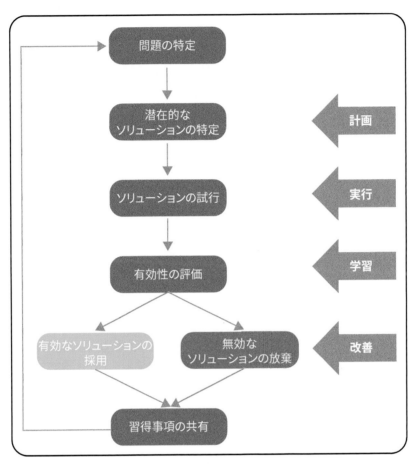

図1.9 働き方を進化させるための実験的なアプローチ

DAの真価は、取り組みたい課題に対応すると思われる新たなプラクティスや戦略を、特定の考え方に依存せずに見極めるための手助けをすることで、潜在的な改善点を特定するステップ全体を導いてくれるところにある。その導きに従えば、自分たちにとって効果のある改善点を特定できる可能性が高まり、その結果、働き方を改善するための取り組みを加速させることができるのだ。これをわたしたちは、ガイド付き継続的改善（GCI）と呼ぶ。要するに、このレベルでDAツールキットを利用すれば、ハイパフォーマンス・チームになるまでの時間を短縮できるのだ。DADに関するわたしたちの最初の著作では、これに非常によく似た形で機能する「メトリクスに基づく改善」という戦略について説明している。

組織レベルで特に実効性が高いことが判明している類似の戦略の一つに、リーン・チェンジ[2]［LeanChange1、LeanChange2］がある。図1.10に概要を示したリーン・チェンジのマネジメント・サイクルは、洞察（仮説）を用意し、それらに取り組むための潜在的な選択肢を特定したうえで、最小実行可能変更（MVC）の形で実験を行うという点で、リーン・スタートアップ［Ries］の考え方を応用したものだ。チームはこれらのMVCを採用し、しばらく試したのち、それぞれの成果を測定して実際の効果のほどを明らかにする。そのうえで、自分たちが直面している状況において有効な変更はそのまま取り入れ、あまり有効ではない変更は放棄することを選択できる。GCIがチームのパフォーマンス向上を実現するように、リーン・チェンジは組織のパフォーマンス向上を実現するのである。

2　DAのプロセス・ブレード「トランスフォーメーション」（PMI.org/disciplined-agile/process/transformation）では、リーン・チェンジを組織レベルで適用する方法を説明している。。

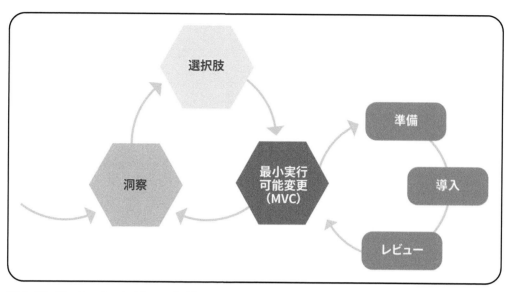

図1.10　リーン・チェンジのマネジメント・サイクル

図1.11に点線で描かれているのは、（ガイド付きではない）継続的改善戦略を採用した場合の改善曲線である。チームは当初、MVCを特定する方法を学習してから実験を行うため、生産性はやはり少々低下するものの、低下する幅と期間はわずかだ。実線で描かれているのは、コンテキストに応じたGCIを採用した場合の改善曲線である。チームは、自分たちにとって有効な選択肢を特定できる可能性が高まるので、結果的に実験の成功率と、ひいては改善のスピードも高まる。要するに、より良い決断が、より良い結果へとつながるのである。

もちろん、図1.11のどちらの曲線も完璧に滑らかというわけではない。チームは上昇と下降を繰り返すものだ。実験に失敗し（下降）、自分たちの状況では何が有効ではないのかを学ぶこともあれば、実験に成功し（上昇）、チームのパフォーマンスの向上につながる技法を発見することもある。ただし、GCIを表す実線は、点線よりも滑らかになる。なぜなら、チームが上昇する確率はGCIのほうが高くなるからだ。

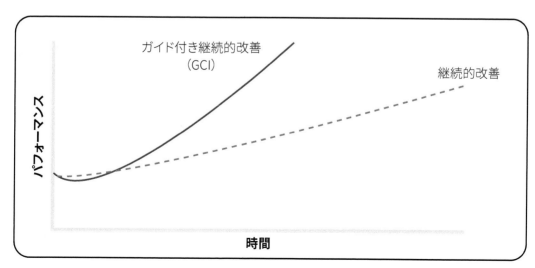

図1.11　ガイド付き継続的改善（GCI）によってチームの改善は加速

ここで朗報がある。それは、これら二つの戦略は図1.12に示すように、規範的な手法またはフレームワークを採用したうえでGCIを通じて働き方を改善するというように、併用できるということだ。わたしたちは、規範的なアジャイル手法（大半はスクラムかSAFe）を採用したはいいが、選んだフレームワークや手法が直接対応していない課題に一つ以上直面したために、頭打ちを迎えてしまったチームに絶えず出くわしている。チームは、採用した手法が自分たちの直面する問題に対応していないことや、自分たちがその領域の専門知識を備えていないことが原因で、停滞する傾向があるのだ。イヴァー・ヤコブソンの造語で言うところの「手法の監獄に囚われた」状態である［Prison］。継続的改善戦略か、できればGCIを採用することで、チームのプロセス改善活動はじきに再び軌道に乗る。さらに、チームが直面している根本的なビジネスの状況は絶えず変化しているため、チームは「過去の栄えあるプロセス」の上にあぐらをかくことを許されず、むしろ状況の変化に応じて働き方を調整することを迫られる。

ここではっきりさせておきたいのは、チームレベルで行うGCIは、組織レベルで行うGCIの簡略版になる傾向があるという点だ。たとえばチームレベルでは、改善したいものごとをまとめた改善バックログを管理することを選ぶかもしれない。一方、組織領域またはエンタープライズのレベルでは、大規模なトランスフォーメーションまたは改善活動の案内役を務める人々からなるグループが存在し、このグループは、チームが働き方を自ら選び、独力では取り組むのが困難なより大きな組織課題に取り組むことができるように、チームを支援することに専念しているかもしれない。

プロセステーラリング・ワークショップ

DAを利用して働き方を選ぶ際の戦略としては、プロセステーラリング・ワークショップ［Tailoring］も一般的である。プロセステーラリング・ワークショップでは、コーチまたはチーム・リーダーがDADの重要な側面についてチー

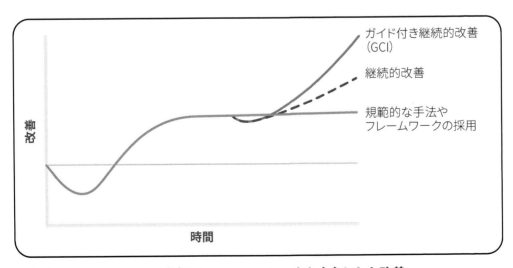

図1.12 既存のアジャイル手法またはフレームワークを土台にした改善

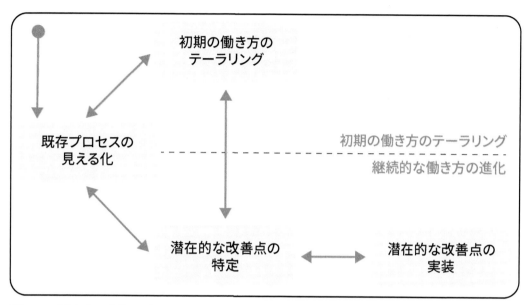

図1.13　働き方の選択と進化の経時的関係

ムに一通り説明し、チームは自分たちが今後どのように共同作業を行うのかについて話し合う。その際は、ライフサイクルを選択し、プロセス・ゴールを一つずつ疑似体験して各ゴールのディシジョン・ポイントに取り組み、役割と責任について話し合うのが通例だ。

プロセステーラリング・ワークショップを実施するタイミングは特に決まっておらず、短時間ずつ何度か行うこともある。図1.13に示したように、プロセステーラリング・ワークショップを実施するタイミングとして一般的なのは、チームの形成当初に立ち上げ活動（これをわたしたちは方向付けフェーズと呼ぶ）をどのように合理化するか決めるときと、構築の開始直前に構築活動にどのように取り組むのかについて意見をまとめるときである。プロセステーラリング・ワークショップでプロセスについて下されるすべての決定は不変のものではなく、むしろチームが学習するにつれて時間とともに進化する。チームは常に学習しながら随時プロセスを改善させていくべきであり、現にアジャイル・チームのほとんどは、それをどのように行うべきかについて、レトロスペクティブ（振り返り）を実施することによって定期的に振り返る。要するに、プロセステーラリング・ワークショップの目的が、チームを正しい方向へ進ませることであるのに対し、レトロスペクティブの目的は、そのプロセスに対して加えるべき潜在的な調整を特定することなのだ。

ここで重要な論点の一つは、チーム内の働き方をどのような順序で進化させていくべきかということだ。バークレイズでトランスフォーメーションの案内役を務めたジョナサン・スマートは、図1.14に示すような、「見える化・安定化・最適化」というダン・ノースが提唱する順序を勧めている。チームはまず既存の働き方を見える化したうえで、

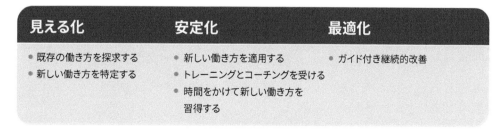

図1.14　チームのプロセステーラリングと改善の進め方

大手金融機関におけるプロセステーラリング・ワークショップ
文:ダニエル・ギャニオン

わたしは数年にわたり、さまざまな組織のありとあらゆる形態や規模、経験レベルのチームを相手に、数十回のプロセステーラリング・ワークショップを実施してきた[Gagnon]。その経験上、興味深いのは、参加者から最もよく上がるコメントが、ワークショップによって「それが選択肢であることに気づきもしなかった多種多様な選択肢を知ることができた」というものであることだ。ほぼ毎回、初めのうちは受け入れてもらうのに少々手こずるとはいえ、これまでに出会ったチームは例外なく、これらのアクティビティの価値をすばやく理解し、評価してくれた。

わたしが得た教訓は次のとおりである。

1. チーム・リーダー、アーキテクチャー・オーナーまたはシニア開発者は、早い段階で実質的に、開発者の大部分を代表する立場になることがある。
2. ツールは役に立つ。わたしたちは、働き方の選択肢を表現する単純なスプレッドシートを作成した。
3. チームは、当面の働き方について意思決定を行い、将来の、より「成熟した」野心的な選択肢を特定して、それを改善のゴールとして設定することがある。
4. わたしたちは、チーム間の一貫性を保つための一助として、「コードとしてのインフラストラクチャー」に関するいくつかの選択肢など、エンタープライズレベルの選択肢をわずかながら定義した。
5. チームは必ずしも白紙の状態からスタートする必要はなく、自分たちに似たチームが選んだ選択肢からスタートして、あとからそれをテーラリングすることもできる。

ここで、参加者の決め方についての重要な注意点がある。それは、チームのさまざまな発達段階で、誰をセッションに参加させるべきかについて最善の判断を下せるのは、究極的にはチーム自身であるということだ。チームが自分たちの働き方を選択できるようにすることのメリットが明らかになるにつれて、サポートの手間はどんどん減っていく。

ダニエル・ギャニオンは、カナダの大手金融機関2社でディシプリンド・アジャイルの採用をコーチングした経験を持ち、現在はケベックでシニア・アジャイル・コーチとして活動している。

自分たちにとって有効だと思う潜在的な新しい働き方を一つ特定する（これが当初のテーラリングの主眼だ）。次にチームは、その新しい働き方を適用し、それを自分たちのコンテキストの中で成功させる方法を学習する必要がある。この安定化のフェーズは、数週間から数か月を要する可能性がある。そして働き方が安定したら、チームはそれをGCI戦略を通じて進化させる段階に入る。

ここで朗報がある。それは、効果的なファシリテーションを行えば、プロセステーラリング・ワークショップは常に合理的に進められるということだ。わたしたちが推奨するファシリテーションの方法は次のとおりである。

- 短時間のセッションを何度か行う予定を組む（予定したセッションがすべて必要とは限らない）。
- アジェンダを明確にする（期待を設定する）。
- チーム・メンバー全員を招待する（プロセスは全員のものである）。
- 経験豊富なファシリテーターを参加させる（これは議論を呼ぶこともある）。
- 柔軟な作業スペースを手配する（そうすればコラボレーションが可能になる）。

プロセステーラリング・ワークショップでは、働き方に関する次のようないくつかの重要な側面に取り組むことが多い。

- チーム・メンバーはどのような権利と責任を有するのか。これについては第4章で詳しく取り上げる。
- チームをどのように組織化または構造化するつもりなのか。
- チームはどのようなライフサイクルに従うのか。ライフサイクルの詳細については第6章を参照のこと。
- どのようなプラクティスまたは戦略に従うのか。
- 準備完了の定義（DoR）[Rubin] は設定するのか。設定するならば、それはどのようなものなのか。
- 完了の定義（DoD）[Rubin] は設定するのか。設定するならば、それはどのようなものなのか。
- どのようなツールを使うのか。

プロセステーラリング・ワークショップは時間の投資を必要とするが、共同作業の行い方に対するチーム・メンバー全員の意向を確実に一致させるために有効な手段である。とはいえ、こうしたワークショップはややもすれば独り歩きしがちなので、できるだけ合理的に進めなければいけない。目指すべきは、正しい「プロセスの方向」へ動き出すことだ。働き方は、自分たちにとって何が有効で、何が有効ではないのかを学ぶにつれて、あとからいつでも進化させることができる。とはいえ結局は、アジャイル・デリバリーの経験者を何人か関与させる必要はある。DAには、働き方を選んで進化させるために利用できる単純明快なツールキットが用意されているが、それでもやはり、このツールキットを効果的に利用するには、スキルと知識が欠かせないのだ。

DAには、素晴らしいアイデアの数々が収められたライブラリー、すなわちツールキットが用意されている。しかし組織によっては、チームが適用できる自己組織化の度合いに対し、ある程度の制限を設けたいと考えるかもしれない。DADにおいては、自己組織化を適切にガバナンスすることをわたしたちは推奨している。したがって、DAを採用する組織では、組織の共通認識である「ガードレール」の範囲内でチームの自己組織化が行われるようにするために、組織が選択のかじ取りを支援することもある。

ガイド付き改善の選択肢を通じてレトロスペクティブ（振り返り）を強化する

レトロスペクティブとは、チームが自分たちのパフォーマンスについて振り返り、願わくは、実験すべき潜在的なプロセス改善点を特定するために用いる技法だ[Kerth]。お察しのとおりDAは、チームにとって有効である可能性の高い改善点を特定するための一助として利用できる。たとえば、ユーザー・ストーリーと受け入れ基準があいまいなせいで要求が二転三転するという問題についてチームがディスカッションしているとしよう。その結論は、要求を明確化するために要求のモデルを増やす必要があるというものかもしれない。しかし、どのモデルを選ぶべきなのだろうか。プロセス・ゴール「スコープの探索」を参照すれば、ドメイン図を作成してエンティティー間の関係を明確化することを選んだり、あるいは、正確さは一旦置いたユーザー・インターフェース（UI）プロトタイプを作成してユーザー・エクスペリエンス（UX）を明確化することを選んだりできる。わたしたちは、チームがDAを参考資料として利用することで、それまで聞いたこともない戦略やプラクティスに触れる姿を目にしてきた。

コーチのプロセス・ツールキットを拡張することによってコーチングを強化する

DAは、アジャイル・コーチにとっては特に有用だ。第一に、DAを理解するということは、チームの問題解決を支援するために持ち運べる戦略を詰め込んだツールキットがより充実することを意味する。第二に、チームや組織自体が「ベストプラクティス」と見なしているものの一部が、実際にはかなり不適切な選択肢であるということと、より適切な検討すべき代替案が存在することを説明するために、コーチがDAを引き合いに出すのをわたしたちはよく目にする。第三に、コーチは自分自身に欠けている経験や知識を補うためにDAを役立てている。

働き方の文書化

できることなら、「働き方を文書化する必要などない」と言いたいものだ。しかし、現実には文書化するのが通例であり、その背景には次のようなもっともな理由が一つ以上存在する。

1. **規制上の理由**　チームは、自分たちのプロセス、すなわち働き方を何らかの方法で表現することを法律で義務づけられている規制環境で働いている。
2. **複雑すぎて覚えられないから**　働き方には、変動する要素がいくつも存在する。図1.2のゴール図を例に取ろう。チームはこのゴール図で挙げられている戦略のいくつかを採用することを選ぶが、これは24種類あるゴールの一つに過ぎない。先に述べたように、ソリューション・デリバリーとは複雑なものだ。わたしたちはDAにおいて、この複雑さを軽減することで働き方の選択を支援できるように最善を尽くした。しかし、この複雑さを完全に解消することはできないのだ。
3. **安心できるから**　多くの人は、従うべき「プロセスの定義」がないという考え方に対し、そのプロセスになじみがないときは特に、不安を覚える。折に触れて参照し、学習に役立てることのできる何かがあってほしいと考える。チームは自分たちの働き方に習熟するにつれて、その文書を参照する頻度が減り、最終的にはまったく利用しなくなる。

プロセスに関する資料を読むのが好きな人はほとんどいない。したがって、そのような資料は、できるだけ単純明快なものにとどめることをお勧めする。アジャイル・ドキュメンテーション［AgileDocumentation］のプラクティスに従って、たとえば簡潔にまとめたり、読み手（この場合はチーム自身）と密接に連携して実際のニーズを満たすように徹底したりすべきだ。以下に紹介するのは、働き方を表現するための選択肢の例である。

- 単純なスプレッドシートを使って、ゴール図の選択肢を表現する。
- A3用紙一枚にプロセスの概要をまとめる。
- 壁にポスターを掲示する。
- プロセスをWikiで簡潔に表現する。

プロセス・ゴール「働き方の進化」にあるように、働き方を表現するために選択できる戦略はいくつか存在する。一般的なアプローチの一つは、チームのために作業合意を策定し、それを守ることを約束することだ。作業合意には、チームにおいて人々が担う役割と責任、チーム・メンバーの一般的な権利と責任、そして一般的はチームのプロセス（働き方）を記載する。図1.15に示すように、わたしたちはチームの作業合意の二つの重要な側面を区別し

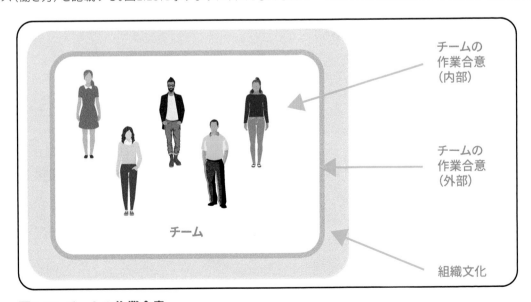

図1.15　チームの作業合意

たいと考えている。その二つの側面とは、チームの作業合意のうち、チームがどのように共同作業を行うのかを説明した内部向けの部分と、外部の人々がそのチームとのやりとりをどのよう行うべきかを説明した外部向けの部分である。

チームの作業合意における外部向けの部分は、ある意味、チームのためのサービス・レベル・アグリーメント（SLA）である。この部分にはたとえば、外部の人々が出席する可能性のある一般的なミーティング（たとえば、日次調整ミーティングや今後予定しているデモ）のスケジュール、チームの自動ダッシュボードへのアクセスの仕方、チームとの連絡の取り方、チームの目的などを盛り込む。チームの作業合意は、内部・外部向けのいずれの側面も、チームが所属する組織の環境や文化の影響を受けることは言うまでもない。

まとめ

本章で取り上げた重要な概念は次のとおりである。

- ディシプリンド・アジャイル（DA）チームは、働き方（WoW）を自ら選ぶ。
- 「アジャイルである」と同時に「アジャイルをする」方法を知っている必要がある。
- ソリューション・デリバリーとは複雑なものであり、それをどのように行うべきかに対する簡単な答えなど存在しない。
- DAを利用すれば、チームはソフトウェアベースのソリューションをデリバリーすることを目的とした働き方を選ぶうえで、特定の考え方に依存しない足場を得られる。
- 自分たちと同じような課題に直面し、それを克服してきた人々は過去にも存在する。DAを利用すれば、そのような先達が学習したことを活用できる。
- 本書は、まずは働き方を選んでから、それを時間をかけて進化させるための手引きとして利用できる。
- ガイド付き継続的改善（GCI）のアプローチは、チームが「手法の監獄」から抜け出し、その結果としてパフォーマンスを向上させるために役立つ。
- 真のゴールは、アジャイルであることやアジャイルをすることではなく、組織にとって望ましい成果を効果的に実現することである。
- 意思決定の向上は成果の向上につながる。

第2章
規律の実現

より良い決断が、より良い結果へとつながる。

本章の要点

- アジャイル・マニフェストは出発点としては素晴らしいものだが、それだけでは不十分である。
- リーンの原則は、アジャイル・ソリューション・デリバリー・チームがエンタープライズで成功するために不可欠である。
- DAのマインドセットは、八つの原則、七つの約束、八つのガイドラインに基づいている。

「規律がある (be disciplined) 」とはどういうことなのだろうか。それは、自分たちのためになるとわかっている行動を取ることであり、そのような行動は、努力と忍耐を要するのが通例である。顧客を常日頃から喜ばせるには、規律が必要だ。最高のチームになるためにも、規律は欠かせない。リーダーが部下の作業環境の安全性を確保するためにも、規律は求められる。自分たちが直面しているコンテキストに応じて働き方 (WoW) をテーラリングする必要があることを認識し、状況の変化に応じて自分たちの働き方を進化させるためにも、規律は不可欠だ。自分たちがさらに大きな組織の一部分であることを自覚し、自分たちにとって都合がいいことだけでなく、エンタープライズにとって最善の行動を取るべきであることを理解するためにも、規律は必要である。ワークフロー全体を進化させて最適化するためにも、規律は欠かせない。そして、働き方や自己組織化の方法にはさまざまな選択肢が存在し、それに応じた選択を行うべきであることに気づくためにも、規律は不可欠なのである。

アジャイル・ソフトウェア開発宣言

2001年、「アジャイル・ソフトウェア開発宣言」[Manifesto]、略して「アジャイル・マニフェスト」が発表されたのを機に、アジャイル・ムーブメントはスタートした。このマニフェストは、後述の12の原則によって支えられた四つの理念を表現したものであり、経験豊富な17人のソフトウェア開発者からなるグループによって策定された。彼らが目指したのは、理屈の上で有効であってほしいと思うことではなく、実際に有効であると判明したことを表現することだった。これは、今でこそ当たり前のように思えるが、当時としては、ソフトウェア・エンジニアリング・コミュニティで多くの ソート・リーダー(Thought Leader)が取っていたアプローチから抜本的に脱却する行為だったと言えるだろう。

「アジャイル・ソフトウェア開発宣言」
　　私たちは、ソフトウェア開発の実践あるいは実践を手助けをする活動を通じて、よりよい開発方法を見つけだそうとしている。この活動を通して、私たちは以下の価値に至った。

1. プロセスやツールよりも**個人と対話**を
2. 包括的なドキュメントよりも**動くソフトウェア**を

3. 契約交渉よりも**顧客との協調**を
4. 計画に従うことよりも**変化への対応**を

価値とする。すなわち、左記のことがらに価値があることを認めながらも、私たちは右記のことがらにより価値をおく。

アジャイル・マニフェストの背景には、実務者にとってのさらなる指針となる12の原則が存在する。以下がその原則である。

1. 顧客満足を最優先し、価値のあるソフトウェアを早く継続的に提供します。
2. 要求の変更はたとえ開発の後期であっても歓迎します。変化を味方につけることによって、お客様の競争力を引き上げます。
3. 動くソフトウェアを、2-3週間から2-3ヶ月というできるだけ短い時間間隔でリリースします。
4. ビジネス側の人と開発者は、プロジェクトを通して日々一緒に働かなければなりません。
5. 意欲的に満ちた人々を集めてプロジェクトを構成します。環境と支援を与え仕事が無事終わるまで彼らを信頼します。
6. 情報を伝えるもっとも効率的で効果的な方法はフェイス・トゥ・フェイスで話をすることです。
7. 動くソフトウェアこそが進捗の最も重要な尺度です。
8. アジャイル・プロセスは持続可能な開発を促進します。一定のペースを継続的に維持できるようにしなければなりません。
9. 技術的卓越性と優れた設計に対する不断の注意が機敏さを高めます。
10. シンプルさ（ムダなく作れる量を最大限にすること）が本質です。
11. 最良のアーキテクチャ・要求・設計は、自己組織的なチームから生み出されます。
12. チームがもっと効率を高めることができるかを定期的に振り返り、それに基づいて自分たちのやり方を最適に調整します。

「アジャイル・ソフトウェア開発宣言」の発表は、近年わたしたちが経験してきたようにソフトウェア開発の世界にとって、またビジネス界にとっても、画期的な出来事となった。しかし、時の流れは残酷なもので、アジャイル・マニフェストは次のようないくつかの点で古臭さを感じさせるようになってきた。

1. **対象がソフトウェア開発に限定されている**　アジャイル・マニフェストは、あえてソフトウェア開発に対象を絞って策定されたため、ITの他の側面はもちろん、エンタープライズ全体の他の側面も対象にしていない。アジャイル・マニフェストの概念の多くは、ソフトウェア開発以外の環境に合わせて調整することもでき、実際に長年そうされてきた。したがってアジャイル・マニフェストは、私たちが進化させることができる貴重な洞察を提供してくれており、当初意図したよりも対象を広げて進化させ、拡張させるべきものなのである。
2. **ソフトウェア開発の世界は進歩した**　アジャイル・マニフェストは1990年代の環境に合わせて策定されているため、その原則の中には時代遅れになったものもある。たとえば三つ目の原則は、ソフトウェアを2-3週間から2-3ヶ月ごとにリリースすることを勧めている。当時、デモンストレーション可能なインクリメントに分割してソリューションをデリバリーすることは、たとえ一か月ごとに行うとしても偉業だった。ところが現代では、偉業のハードルは大幅に上がり、アジャイルに習熟した企業は1日に何度も機能をデリバリーしている。これは、アジャイル・マニフェストがわたしたちをより良い方向へ導いてくれたおかげでもある。
3. **わたしたちは当時以来、多くのことを学んだ**　組織はアジャイルが登場するはるか以前から、リーンな考え方と働き方の採用を進めていた。2001年以来、アジャイル戦略とリーン戦略はそれぞれに発展しただけでなく、うまく融合されてきた。このあと説明するように、こうした融合は、DAのマインドセットの特徴的な側面の一つ

である。ソフトウェア開発とIT運用のライフサイクルを統合するDevOpsの進化が、この融合によって実現されてきたことは間違いない。ほとんどの組織は、DevOpsの働き方をすでに採用しているか、少なくとも採用を進めている。そして、第1章で説明したように、DevOpsの働き方はDAツールキットを構成する要素である。要するに、わたしたちが言いたいのは、アジャイルだけでは不十分であるということだ。

リーン・ソフトウェア開発

DAのマインドセットは、アジャイルとリーン思考を組み合わせたものを土台にしている。リーン思考を理解するための重要な出発点は、メアリー・ポッペンディークとトム・ポッペンディークの著書*The Lean Mindset*だ。この本においてポッペンディーク夫妻は、リーン生産方式の七つの原則を応用してバリュー・ストリーム全体を最適化する方法を明らかにしている。これは非常に価値のある研究だが、ここで忘れてはいけないのは、わたしたちのほとんどは自動車を製造しているわけではなということだ。リーンが通用する業務は何種類か存在する。たとえば、製造、サービス、物理的なプロダクト開発、(仮想的な)ソフトウェア開発などだ。ポッペンディーク夫妻の画期的な研究は素晴らしいものだとは思うが、わたしたちはむしろリーンの原則に注目し、それらがいかにどこでも通用するのかを明らかにしたい[Poppendieck]。リーンの原則は次のとおりである。

1. **ムダをなくす**　リーン思考の提唱者は、完成品の価値を直接高めないすべてのアクティビティをムダと見なす[WomackJones]。ソフトウェア開発業務におけるムダの主な三つの原因は、不要なフィーチャーの追加、プロジェクトを混乱させるさまざまな要素、組織の境界線(特にステークホルダーと開発チーム間)をまたがることである。ムダを減らすには、チームが自己組織化し、自分たちが達成しようとしている仕事を熟慮しそれに適したやり方で働けるようにすることが不可欠だ。プロダクト開発業務(物理的または仮想的な)においては、何に価値があるのかを明らかにすることにかなりの時間を費やす。この行為はムダではない。だがそのせいで、何がムダなのかについて延々と議論する人々は後を絶たない。なくすべき重要なムダの一つは、ワークフローの遅延による時間のムダであるというのがわたしたちの主張だ。よく考えれば、ほとんどのムダはワークフローの遅延を反映したものであり、さらに言えば、ワークフローの遅延によって引き起こされていると立証できる。わたしたちが不要なフィーチャーをビルドするのは、一度にたくさんのフィーチャーを作りすぎて、それらのフィーチャーが必要かどうかについてのフィードバックを入手するのが遅れる(または、受け入れテストを書いていないせいで、何が必要なのかを理解するのが遅れる)からである。プロジェクトを混乱させるさまざまな要素(特にエラー)は必ずと言っていいほど、いつの間にか足並みが乱れていることが原因で起こる。組織の境界線をまたがれば、ほぼ例外なく、ある部署が別の部署を待つことになるため、遅延が生じるのである。

2. **品質を組み込む**　そもそも、欠陥を生じさせないようなプロセスを使うべきである。しかし、それが不可能なときは、まず少し作業を行ってその妥当性を確認し、課題が見つかったらそれを修正し、それを繰り返していくような働き方をすべきだ。起こった事を検査し、欠陥を待ち行列に入れておいて将来のどこかで修正しようとしたりするのは、それほど効果的なやり方ではない。品質をプロセスに組み込むアジャイル・プラクティスとしては、テスト駆動開発(TDD)や、ペア・プログラミング、モブ・プログラミング、他者とのモデリング(モブ・モデリング)といったノンソロ開発プラクティスが挙げられる。これらのいずれの技法についても、本書で後述する。

3. **知識を作り出す**　計画は有用だが、学習は不可欠である。わたしたちは、作業を反復的に行うといった戦略を推進することで、チームがステークホルダーの真の望みを明らかにし、その知識に基づいて行動することができるように支援したい。また、チーム・メンバーが自分たちのやっていることを定期的に振り返り、実験を通じて自分たちのアプローチを改善するために行動することも重要である。

4. **決定を遅らせる**　完全な仕様書を定義するところからソリューション開発をスタートさせる必要はない。むしろ、そのような戦略は、どうひいき目に見ても問題があるように思われる。わたしたちは、変化に耐えうる柔軟なアーキテクチャーと、覆すことのできない意思決定は、手持ちの情報が増え、より良い意思決定が下せる最

後の瞬間に行うことによって、ビジネスを効果的にサポートできる。多くの場合、責任を取れるぎりぎりの瞬間まで決定を遅らせるには、エンドツーエンドのビジネス・シナリオを、複数のチームによって複数のアプリケーションで開発された機能と密接に結びつける能力が求められる。実のところ、プロジェクトに対する決定を遅らせる戦略の一つは、選択肢を残しておくという方法である[Denning]。ソフトウェア開発においては、決定を遅らせるための仕組みがほかにもいくつか存在する。創発的設計、自動テスト、パターン思考を利用すれば、必要不可欠な意思決定を、実質的にコストをかけずに先送りできることが多い。アジャイル・ソフトウェア開発は、多くの点で、インクリメンタルにデリバリーを行えば実装のために余分な時間をほとんどかけずに済むと同時に、開発者が本来であれば不要なフィーチャーをビルドするために費やしていた労力を大幅に節約できるというコンセプトに基づいている。

5. **素早くデリバリーする**　高品質のソリューションを素早くデリバリーすることは可能だ。チームの作業をキャパシティ内に収めれば、信頼性と再現性のある作業のフロー（流れ）を実現できる。ハイパフォーマンスな組織はチームに対し、キャパシティを超えることは要求しない。逆に、チームに対し自己組織化と、達成できる成果を自ら見極めることを求める。出荷可能なソリューションを定期的にデリバリーするという制約をチームに課せば、付加価値を生み出すことに絶えず集中しようとする意欲を引き出すことができる。

6. **人を尊重する**　ポッペンディーク夫妻も述べているように、持続可能な優位性は、エンゲージメントが高く自ら考える人材によって獲得できる。これが意味するのは、ガバナンスに対してもリーンのアプローチを適用する必要があるということであり、これは、チームをコントロールするのではなく、チームの意欲と能力を引き出すことに重点を置いたプロセス・ゴール「チームのガバナンス」の焦点である。

7. **全体を最適化する**　ソリューションを効果的に開発したいなら、視野を広げなければならない。あるバリュー・ストリームが支えるハイレベルのビジネス・プロセス、すなわち複数のシステムと複数のチームをまたいでいるプロセスを理解する必要がある。また、相互に関係する活動から構成されたプログラムを管理し、完全なプロダクトやサービスをステークホルダーにデリバリーできるようにする必要がある。そして、自分たちがビジネス価値をどの程度うまく実現できているのか測定すべきであり、チームは価値ある成果をステークホルダーにデリバリーすることに集中すべきである。

ディシプリンド・アジャイルのマインドセット

ディシプリンド・アジャイルのマインドセットは、図2.1に大要を示したとおりであり、原則と約束とガイドラインの集まりである。わたしたちにはお気に入りの言い回しがある。それは、「わたしたちはこれらの八つの原則を信条としている。したがって、規律ある働き方をすることを互いに約束し、パフォーマンス向上につながる一連のガイドラインに従う」というものだ。

わたしたちは以下の原則を信条とする

まずは、ディシプリンド・アジャイル（DA）ツールキットの背景にある八つの原則から紹介しよう。これらの考え方は目新しいものではない。その源流は、アリスター・コーバーンの「アジャイルの心」に関する研究[CockburnHeart]、ジョシュア・ケリーエブスキーの「モダン・アジャイル」[Kerievsky]、そしてもちろん先に取り上げた「アジャイル・ソフトウェア開発宣言」など、数えきれないほど存在する。実際のところ、DAツールキットは当初から、さまざまな優れた戦略を組み合わせ、それらすべての戦略同士が実際にどのようにかみ合うのかに注目して開発されてきた。わたしたちは、科学的なアプローチと実際に役立つものが重要であることは信じて疑わないが、そこへたどりつく方法については、特定の考え方には依存しない。DAのマインドセットは、次の八つの基本的な原則から出発している。

- 顧客を喜ばせる
- 最高であれ
- コンテキストが肝心

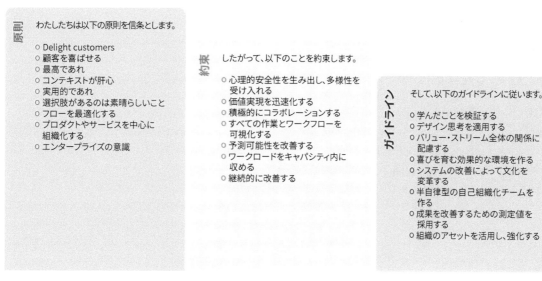

図2.1 ディシプリンド・アジャイルのマインドセット

- 実用的であれ
- 選択肢があるのは素晴らしいこと
- フローを最適化する
- プロダクトやサービスを中心に組織化する
- エンタープライズの意識

原則：顧客を喜ばせる

顧客は、プロダクトやサービスが自分たちのニーズや期待に応えるだけでなく、それらを上回るときに喜ぶ。たとえば、あなたが前回ホテルにチェック・インしたときのことを思い出してほしい。運が良ければ列に並ばずに済み、自分の部屋は空いていて、入った部屋には何の問題もなかっただろう。おそらくサービスには満足したが、ただそれだけのことだ。今度は、こう想像してほしい。ホテルに着くと、コンシェルジュはあなたの名前を呼んで挨拶してくれた。部屋にはあなたのお気に入りの軽食があらかじめ用意されていたうえに、絶景を望む部屋に無料でアップグレードしてもらえた。しかも、これらのサービスはいずれも、こちらから要求したわけではない。あなたは満足感を超えて、きっと喜びを覚えるはずだ。アップグレードは毎回受けられるわけではないにしても、受ければうれしいサービスである。あなたはおそらく、手厚くもてなしてくれることを理由に、そのホテル・チェーンを利用し続けるだろう。

成功している組織は、顧客が喜ぶような優れたプロダクトやサービスを提供する。システムを設計するときは、顧客を念頭に置いてビルドすることと、顧客と緊密に連携すること、そして、小さなインクリメントごとにビルドしてフィードバックを求めることで、実際に何が顧客を喜ばせるのかよく理解しなければならない。ディシプリンド・アジャイリストは、変化を受け入れる。なぜなら、ソリューションが進化するにつれて、ステークホルダーは自分たちが本当に求めているものを知り、新たな可能性に気づくということを知っているからだ。ディシプリンド・アジャイリストはまた、顧客が求めているものを明らかにすることと、顧客をケアすることに努める。既存の顧客をケアするのは、新規の顧客を獲得するよりもはるかに簡単だからだ。これを最もうまく言い表しているのは、ジェフ・ゴーセ

ルフとジョシュ・セイデンの著書 *Sense & Respond* の以下のくだりである。「プロダクトの使いやすさを改善する、顧客がタスクをより短時間で完了できるようにする、あるいは適切な情報を即座に提供することができれば、あなたは成功する」[SenseRespond]。

原則：最高であれ

最高である事を望まない人などいるのだろうか？最高の仕事をする最高のチームの一員として、最高の組織のために働きたいはずだ。わたしたちは誰もがそれを望んでいる。最近、ジョシュア・ケリーエブスキーのおかげで、モダンなアジャイル・チームは人々を最高にするという考え方が広く知られるようになった。そしてもちろん、わたしたちが最高のチームと最高の組織を望むのも無謀なことではない。同じように、メアリー・ポッペンディークとトム・ポッペンディークも、持続可能な優位性はエンゲージメントが高く自ら考える人材によって獲得できると述べており、リチャード・シェリダンも『ジョイ・インク：役職も部署もない全員主役のマネジメント』[Sheridan]で同様の見解を示している。チーム・メンバーが最高でいられるように手助けをすることは重要である。なぜなら、ヴァージン・グループのリチャード・ブランソンが言うように「従業員を大事にすれば、従業員は会社を大事にしてくれる」からだ。

わたしたちが個人として最高であるためにできることはいくつかある。まずは何よりも、同僚から敬意と信頼を得られるような行動を取ること。率直でオープンかつ倫理的な、信頼に足る人物であるよう心がけ、敬意を持って同僚に接するようにしよう。二つ目は、進んで他者とコラボレーションすること。情報を共有することを求められたら、それがたとえ進行中の作業の情報であったとしても共有しよう。必要なときは支援を申し出なければならない。また、こちらから支援を求めることも同じくらい重要だ。三つ目は、積極的に学ぶこと。技能を極めることを目指し、実験と学習の機会に目を光らせ続けなければならない。専門分野の枠を超えて、より幅広いソフトウェア開発プロセスとビジネス環境について学ぼう。T字型のスキルを身に付けて「総合的スペシャリスト」になれば、他者の考え方に対する理解が深まり、その結果、より効果的に他者とやりとりできるようになる[Agile Modeling]。四つ目は、チームを失望させないように努めること。ときにはそのような事態が生じてしまうのは確かだが、良いチームはそのことを理解し、許してくれる。五つ目は、サイモン・パワーズ[Powers]が指摘するように、困難な状況に対する自分の感情的な反応を進んで改善し、マネジメントすること。多様性なくしてイノベーションはない。そして、多様な意見はその性質上、感情的な反応を呼ぶ可能性がある。わたしたちは誰もが、職場を心理的に安全な場所にするために努力しなければならない。

最高のチームは、初めから品質を組み込むことも選ぶ。リーンの原則に従えば、わたしたちはあらゆる品質上の課題と、その原因となった自分たちの働き方を修正しなければならない。どのバグを無視して後回しにできるか議論するのではなく、バグを完全に防ぐ方法を身に付けるべきなのである。そのためにわたしたちは、まず少し作業してその妥当性を確認し、課題が見つかったらそれを修正し、それを繰り返すといった働き方をする。アジャイル・マニフェストに明示されているように、技術的な卓越性と優れた設計を絶えず意識すれば、アジリティを向上させることができる[Manifesto]。

組織内のシニア・リーダーは、職務遂行に必要な権限と資源をスタッフに与え、安全な文化と環境（次の原則を参照）を構築し、他に抜きん出ようとする意欲を引き出すことで、スタッフを最高のチームで働く最高の個人にすることができる。人の意欲は、自分の仕事を自律的に行うことを許され、技能を極めたり、目的を持って何かをする機会を与えられることによって高まる[Pink]。あなたなら、やる気のあるスタッフとやる気のないスタッフのどちらを選ぶだろうか。[1]

---

[1] 従業員を満足させるのが高くつくと思うなら、従業員が不満を抱くとどうなるか試してみるといい。

原則：コンテキストが肝心

人は誰しも唯一無二の存在であり、それぞれに独自のスキル・セットや好みの作業スタイル、キャリア・ゴール、学習スタイルがある。チームもすべて唯一無二の存在である。なぜなら、唯一無二の人々から構成されているだけでなく、それぞれが直面する状況も二つとして同じものがないからだ。わたしたちが属する組織もまた、たとえ同じ市場で事業を営む組織がほかに存在するとしても、唯一無二の存在である。たとえば、フォードやアウディ、テスラのような自動車メーカーは、いずれも同じカテゴリーのプロダクトを製造しているが、まったく性質の異なる企業であると言っても過言ではない。このような見地、つまり、人もチームも組織もすべて唯一無二の存在であるという見地に立てば、わたしたちはその時点で直面している状況に応じて、プロセスと組織構造をテーラリングしなければならないという重要な考え方に行き着く。つまり、コンテキストが肝心であるということだ。

図2.2は、状況コンテキスト・フレームワーク（SCF）[SCF]を改変したものである。この図からわかるように、チームが自分たちの働き方をどのように選ぶのかに対して影響を及ぼすコンテキスト上のファクターは複数存在する。これらのファクターは、二つのカテゴリーに分かれている。すなわち、ライフサイクルの選択（これについては第6章で詳しく取り上げる）に大きく影響するファクターと、プラクティスまたは戦略の選択を左右するファクターだ。プラクティスまたは戦略の選択に影響を及ぼすファクターは、ライフサイクルの選択に影響を及ぼすファクターのスーパーセットである。たとえば、安全性規制を遵守すべき状況下で非常に複雑なドメインの問題に取り組んでいる同じチーム部屋で働く8人編成のチームと、規制がない状況で複雑な問題に取り組んでいるコーポレート・キャンパス全体に分散して働く50人編成のチームとを考えると、これらの二つのチームは異なる方法で自己組織化し、異なるプラクティスに従うことを選ぶだろう。これら二つのチームが同じ会社に属していることもありえるが、まったく異なる働き方を選ぶ可能性がある。

図2.2.には、興味深い意味合いがいくつか存在する。第一に、それぞれの選択ファクターの右側へ行くほど、チームが直面するリスクは大きくなるということだ。たとえば、アウトソーシングを行えば、自組織内でチームを構築するよりもリスクは大幅に高まる。スキルセットのレベルが低いチームは、スキルの高いチームよりもリスクが大きい。大規模チームは、小規模チームよりもはるかにハイリスクな立場にある。安全性規制を遵守すべき状況は、金融規制を遵守すべき状況よりも大幅にリスクが高く、金融規制を遵守すべき状況は、遵守すべき規制が何もない状況よりもリスクが高いのである。第二に、チームはそれぞれが異なる状況に置かれており、直面する状況に適した働き方を選ぶ必要があるため、わたしたちはチームが自分たちのアプローチを効果的にテーラリングするための助けとして、チームに選択肢を与えるべきであるということだ。第三に、複数のチームとやりとりをするすべての人は、それぞれのチームとの共同作業を適切に行うことのできる柔軟性を備えている必要があるということだ。たとえば、先に挙げた安全性規制を遵守すべき状況において同じ場所で働く小規模なチームと、キャンパス全体に分散した中規模なチームとでは、ガバナンスの方法も異なるだろう。同様に、両方のチームをサポートするエンタープライズ・アーキテクト（EA）は、それぞれのチームと異なる方法でコラボレーションするはずだ。

スクラムには、かつてアジャイルな方法で価値を実現するための確かなガイダンスとされていたものが用意されているが、そのガイダンスについて公式に述べたものは、わずか19ページの小冊子しか存在しない[ScrumGuide]。ディシプリンド・アジャイルでは、エンタープライズの複雑さに対応するにはスクラムよりもはるかに多くのガイダンスが必要であることを認識したうえで、チームがアジャイルのアプローチを自分たち固有のコンテキストにわかりやすい方法で適合させるための包括的な参考資料となるツールキットを用意している。一つの手法やフレームワークで標準化するのではなく、さまざまな選択肢を利用して自分達のコンテキストに合ったアプローチを組み上げることができるのは好ましいことである。以下では、この点についてさらに探っていく。

原則：実用的であれ

アジャイリストの中には、特定の手法を厳格に守ろうとすることにきわめて熱心な人も少なくない。現にわたしたちはこれまで、次のようなことを言う人に何度も出くわしたことがある。「正しくアジャイルを行う」には5〜9人を一つの部屋に集め、ビジネス部門の担当者（プロダクト・オーナー）を常駐させる必要がある。チームは部外者に

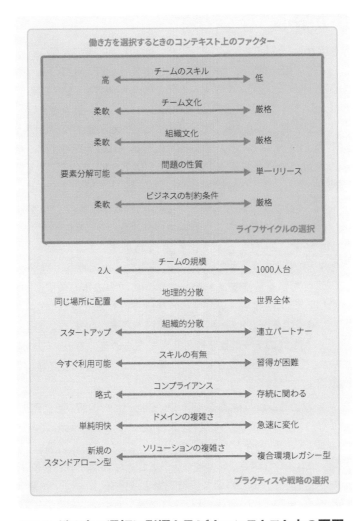

図2.2 働き方の選択に影響を及ぼすコンテキスト上の要因

邪魔されるべきではなく、プロジェクトに100%専念すべきである、と。しかし、多くの既存のエンタープライズにおいて、そのような理想的な状況はめったに見られない。わたしたちは、さまざまな部分最適な状況、つまり、チームが分散している、チームの規模が大きい、アウトソーシングを行っている、複数チームの調整が必要である、ステークホルダーの手が空いている時間が限られているといった状況に対処しなければならないのが現実だ。

DAは、このような現実を認める。そして、わたしたちはこのような状況にあっても「アジャイルであることは不可能だ」とは言わず、代わりにこう言うのである。「実用的であろう。そして、できるだけパフォーマンスを高めることを目指そう」と。DAは「ベストプラクティス」を定める代わりに、必要な妥協をある程度は行いながらもアジャイルのメリットを最大限に活用するための戦略を示す。したがって、DAのガイダンスは純粋主義的ではなく、実用的である。DAは、直面するコンテキスト次第では適用できない可能性もある厳格なルールではなく、プロセスに関する選択をより適切に行うための助けになるガードレールを提供する。

原則:選択肢があるのは素晴らしいこと

自分の所属する組織が、さまざまな状況で作業を行う複数のチームを抱えていると仮定しよう。これは、よほど小さい会社でもなければ、当たり前のことである。そのような組織において、各チームが直面する課題の範囲を全てカバーする、一つ一つの、かつ全ての状況に適用するプロセスを定義するにはどうすればいいのだろうか?各

チームが学習し、それぞれのアプローチを進化させるのに合わせて、そのプロセスをアップデートするにはどうすればいいのだろうか？答えは「そんなことは不可能である」だ。そのようなプロセスを文書化するには莫大なコストがかかる。だが、これはすべてのチームに同じ規範的プロセス（訳註：原文ではPrescriptive Process）を課す必要があることを意味するのだろうか。すべてのチームに同じ規範的プロセスを課せば、各チームの状況とそのプロセスの間で不協和音が生じ、チームのパフォーマンスは低下する。そして、そのプロセスに実際には従っていないにもかかわらず、従っているかのように見せることにチームがリソースを投じる可能性が高まる。では、これは単に「プロセスの自由競争状態」を保ち、すべてのチームに自分たちのプロセスを自力で編み出すように求める必要があるという意味なのだろうか。この方法はうまくいく可能性もあるが、実際には、かなりのコストと時間を要する傾向がある。各チームはたとえコーチングを受けたとしても、何年も前から、場合によっては何十年も前から存在するプラクティスや戦略を自力で発明したり、発見したりすることを強いられるのだ。

新たなプロダクトやサービス、ソフトウェアを開発するというのは、複雑な活動である。これは、何が起こっているのかを決して確実には把握できないことを意味する。さまざまな層で複数のアクティビティが同時に進行しているので、それぞれのアクティビティ同士の関係性は簡単には見極められない。システムとは全体論的な存在であるため、個々のコンポーネントに注目するだけでは理解できないのだ。むしろわたしたちは、システムを構成するさまざまなコンポーネント同士がどのように作用し合うのかに注目しなければならない。たとえば、自動車を例に取ろう。車はさまざまなコンポーネントから構成されているが、車自体にとっても、その車を構成するコンポーネント同士がどのように作用し合うのかが重要になる。たとえば、ある車に積むエンジンを大きくしたとする。フレームがそのエンジンを支えられなければ、その車は不安定になるだろう。あるいは、ブレーキがそのエンジンに対応できなくなれば、その車は危険にさえなるのだ。

わたしたちが働き方を改善する際は、次の点を考慮しなければならない。

- 人々は互いにどのようにやり取りしているのか。
- システムの特定の部分で行われている作業は、他の部分で行われている作業にどのような影響を及ぼしているのか。
- 人々はどのように学習しているのか。
- システムの内部にいる人々は、システムの外部にいる人々とどのようにやり取りし合っているのか。

上記のようなやりとりは、組織によってさまざまである。「コンテキストが肝心」という原則は、わたしたちが自分たちの置かれている状況に基づいて合理的な選択を行わなければならないことを意味する。だが、一体どのように行えばいいのだろうか。わたしたちはまず、次のことを意識する。それは、わたしたちはものごとを行う最善の方法を前もって特定しようとしているのではなく、むしろ一連のステップを生み出そうとしているということだ。それぞれのステップでわたしたちは、自分たちが現時点で行っていることを改善するか、あるいは、次回の改善の成功率向上につながるような何かを学習する。

この一連のステップのそれぞれは、仮説であると言える。つまり、それを成し遂げれば改善を実現したことになるだろう、という推測である。改善を実現すれば、わたしたちは満足し、次のステップへ進むことができる。改善を実現できなければ、なぜ実現できなかったのか自問しなければならない。わたしたちの取り組みは改善か、あるいは、次回の改善策の下地を作る学習のどちらかをもたらすべきだからだ。これは、科学的なアプローチと見なすことができる。というのも、さまざまな方策を試し、その妥当性を確認しようとしているからだ。改善を実現できなかった原因には、誤った方策を講じたことや、その方策がチーム・メンバーに受け入れられなかったこと、または、その方策が自分たちの能力を超えていたことなどが考えられる。

例を挙げてみよう。自分のチームのメンバーが、たびたびマルチタスキングを行っているとする。マルチタスキングは一般に、短時間で終わらせることのできない作業をあまりに多く抱えていることが原因で生じる。これは、あるタスクと別のタスクを行ったり来たりする原因となり、自分たちのワークフローを遅延させるだけでなく、自分たちに依存している誰かも遅延させる。こうしたマルチタスキングをどのようにストップさせるべきかは、その原因（一つ以上）次第で決まる。これらの原因は明白であるか、容易に特定できることが多い。確信が持てないとし

ても、過去に同じような状況で有効だったことに基づいて何かを試してみれば、たいていは良い結果が得られるか、学習ができる。DAの特徴は、自分たちの状況に即したプラクティスを利用するという点だ。そのためにわたしたちは、どのようなプラクティスが選択肢として存在するのか知る必要がある。

コンテキストが変われば、必要な戦略も変わる。チームは、自分たちのプロセスに責任を持ち、自分たちが直面する状況を踏まえて、自分たちにとって実際に何が有効なのかを明らかにするために実験できることが必要だ。第1章で述べたように、DADにはチームが選択できる六つのライフサイクルと、チームが自分たちの直面する状況に応じて適切なプラクティスや戦略を選ぶ際の指針となるプロセス・ゴールが24種類用意されている。初めは少々複雑に見えるかもしれない。しかし、このアプローチは、ソリューション・デリバリー・チームが直面する複雑さに対処するために役立つわかりやすい戦略である。DAD、そしてDA全般は、働き方を選択して進化させようとするわたしたちの取り組みを支える足場であると考えてほしい。

この選択主導の戦略は中道である。両極の片側に位置するのは、規範的な手法だ。つまり、スクラム、エクストリーム・プログラミング（XP）、SAFe®といった、ものごとを所定の方法で行うことをわたしたちに求める手法である。こうした手法を中傷する人々がどのような主張をしていようとも、これらの手法やフレームワークが一部の状況できわめて有効であることは事実だ。したがって、そのような状況に置かれているチームにとっては、それらの手法やフレームワークは有効だろう。しかし、チームが特定の手法に適合しない状況に置かれているとすれば、その手法は薬どころか毒になる可能性が高い。両極のもう一つの片側に位置するのは、自分たちの課題に注目して独自の手法を編み出し、原則に基づく新たなプラクティスを生み出して、それらを実験として試行しながら学習するという手法である。実験しながら学習することをわたしたちに求める手法[2]はこのようにして、自らのアプローチを発展させた。この手法も実際に効果はあるが、莫大なコストと時間を要する可能性がある。また、チーム間で大きな矛盾が生じる原因となり、その結果、組織全体のプロセスに支障をきたす恐れがある。Spotify®は、プロダクト企業であり、アーキテクチャーが共通していて、技術的負債がなく、変化よりも成長が可能な文化を有し、そしてもちろん社内に専門家が何人か存在するというコンテキストの中に置かれていたからこそ、自分たちのプロセスを進化させる余裕があった。DAは、これらの両極の中間に位置している。このようなプロセス・ゴール駆動のアプローチを採用することで、組織レベルで求められるプロセス共通性を提供すると同時に、チーム内のプロセスをテーラリングして進化させるために必要な、柔軟かつ単純明快なガイダンスをチームに与えることで、チームが自分たちの直面する状況のコンテキストに対応できるようにしている。チームは既存の戦略の中から有望な選択肢を選んで実験することで、自分たちにとって実際に効果のある何かを見つける可能性を高めることができるのだ。少なくともDAは、チームには選択肢があること、そして規範的な手法が示す一つの道よりも、多くの道が存在することを明らかにしている。

スクラムやエクストリーム・プログラミング（XP）のような主流の手法は規範的だと言うと驚かれることが多いが、実際そうである。スクラムでは、チーム・メンバー全員参加のデイリー・スタンドアップ・ミーティング（スクラム）を15分以内で実施することを求められ、イテレーション（スプリント）の最後には毎回レトロスペクティブ（振り返り）を行う必要があり、チームの規模は9人以内に抑えなければならない。エクストリーム・プログラミングでは、ペア・プログラミング（2人で一つのキーボードを共有する）とテスト駆動開発（TDD）が必須だ。確かに、この二つはどちらもコンテキストに適していれば素晴らしいプラクティスではある。わたしたちは、規範が悪いものだと言っているわけではない。単に、規範は確かに存在すると述べているだけだ。

DAでは、チームがさまざまな選択肢から働き方を選択できるように、多種多様な手法の戦略を集め、それらをコンテキストに当てはめている。そうすることで生じた重要な副作用として、わたしたちはすぐさま、特定の考え方に依存しないアプローチを採用することを余儀なくされた。

---

[2] Spotifyも他の手法と同様に、わたしたちがDAに組み込んだ潜在的なアイデアの重要な源泉の一つである。わたしたちは特に、Spotifyのプロセス改善に対する実験的アプローチに有用性を見出し、それをガイド付き実験として進化させた（第1章）。Spotifyの手法をそっくりそのまま採用しようとする組織は多い。しかし残念ながら、それこそがまさに、Spotifyの人々がすべきではないとしている行為である。Spotifyの手法は、数年前のSpotifyのコンテキストにおいては優れたものだった。当時Spotifyが行ったことを今わたしたちがまねようとしても、それは今Spotifyが行っていることではないとSpotifyの人々は明言している。わたしたちのコンテキストは、たとえわたしたちが偶然にもスウェーデンのオンライン音楽配信会社だったとしても、Spotifyのコンテキストとは異なるのだ。

DAでは、方法論やフレームワーク、知識体系、書籍、組織の改善に役立つわたしたちの実地経験など、さまざまな要素の戦略を組み合わせている。これらの要素は使用する用語も異なれば（一部重複することもある）、スコープも、根底にあるマインドセットも異なり、きわめて率直に言えば、往々にして互いに矛盾するところがある。第3章では、DAが特定の考え方に依存せずにプロセス関連のアドバイスを提供するハイブリッドなツールキットであることについて、さらに詳しく説明する。先に述べたようにリーダーは、できるだけ短期間で学習と改善を実現できるように、早い段階で実験を奨励すべきである。ただしその際は、ディシプリンド・アジャイルに収められた実証済みの戦略を参照し、自分たちのコンテキストにとってより適切な選択を行うことで、失敗の確率を減らしてプロセス改善を加速させることをお勧めする。より良い選択は、より早くより良い成果を得ることへとつながるのだ。

原則：フローを最適化する

アジャイルは多くの点でリーン思考を由来としているが、フローの原則は超越しているように思える。ドン・レイネルトセンは著書 *Principles of Product Development Flow: 2nd Edition* [Reinertsen] の中で、わたしたちが価値実現を迅速化するために取ることのできる、より直接的な方策を提示している。価値のフローに注目することで、組織のバリュー・ストリームを効果的に実現するように、チームはコラボレーションすることができる。各チームはバリュー・ストリームの一部にすぎないかもしれないが、どのように他チームとの調整を行えば価値実現を最大化できるのかは理解できる。

これはつまり、組織としてワークフロー全体を最適化する必要があるということだ。それを実現するために、DAでは以下のように、アジャイル、リーン、そしてフローの戦略をサポートしている。

1. **全体を最適化する**　DAチームは「エンタープライズの意識」を持って働く。自分たちが組織内に多数存在するチームの一つであり、したがって、自分たちにとって都合のいいことだけでなく、組織全体にとって最善なことを行うような働き方をすべきであると自覚している。さらに重要なのは、DAチームはリーンの原則の教えにあるように全体最適を実現すべく、プロセス全体を合理化することに努めるということだ。サイクル・タイム全体、つまり、顧客に価値を提供するプロセスを開始してから終了するまでに要する時間全体を短縮する方法を見出すことも、その一環である。[Reinertsen]。

2. **重要なものを測定する**　「何か一つだけ定量化するならば、遅延コストを定量化すべきだ」というレイネルトセンの勧告は、最適化すべきものを組織全体という視点で見ることを教えてくれる。「遅延コスト」とは、プロダクトが遅延したときにビジネスが負担する費用である。組織として、または組織内のバリュー・ストリームとして、あるいはチームレベルでも、わたしたちには達成したい成果があるはずだ。その中には、顧客に焦点を合わせた成果もあれば、改善重視の成果（顧客に焦点を合わせた成果を改善することによって生じることが多い）もあるだろう。わたしたちの測定は、成果の改善か、より良い成果を実現する能力の改善に役立つものであるべきだ。

3. **小規模な作業バッチを持続可能なペースで継続的にデリバリーする**　作業を小規模なバッチに分割すると、より迅速にフィードバックを得られるだけでなく、ややもすればプロジェクトに投入されがちな価値の低いものをビルドする必要もなくなる。制約理論（ToC）の発案者であるゴールドラット博士はかつて、こう述べている。「システムを制御可能な状態に戻すために必要なのは、往々にしてバッチ・サイズを縮小することだけである」[Goldratt]。使用可能なソリューションを頻繁にデリバリーすれば、真に必要とされているものを調整し、必要とされていないものをビルドするのを避けることができる。ここで「使用可能な」とは、それが使用でき、望ましく、機能を果たす（ステークホルダーのニーズを満たす）ものであるという意味だ。「ソリューション」が指すものには、ソフトウェア、ハードウェア、ビジネス・プロセスの変更、そのソリューションを使用する人々の組織構造の変更、そしてもちろん、何らかのサポート文書が含まれることもある。

4. **待ち行列をマネジメントすることによって遅延に対処する**　待ち行列（行われるのを待っている作業）に注目すれば、リーン、制約理論、カンバンの考え方を利用してボトルネックを特定し、それらを取り除くことができる。その結果、余分な作業を生むワークフローの遅延を解消できる。

5. **継続的に改善する**　フローを最適化するには、学習と改善を継続的に行う必要がある。プロセス・ゴール「働き方の進化」は、チームの作業環境やプロセス、ツール・インフラを徐々に改善していくための戦略を表現したものだ。働き方の選択は、継続的に行われる。この学習では、どのように働くかだけでなく、何に取り組んでいるのかも問題になる。リーン・スタートアップの分野におけるエリック・リースの仕事が世間に与えた最大の影響は、おそらくは実験のマインドセット、すなわち、科学的手法の基本的な考え方をビジネスに応用することを一般化させたことだろう。このマインドセットは、第1章で取り上げたガイド付き継続的改善（GCI）戦略に従えば、プロセス改善にも応用できる。「学習したことを検証する」は、DAのマインドセットのガイドラインの一つである。「継続的に改善する」も、ディシプリンド・アジャイリストが互いに交わす約束の一つである（次のセクションを参照）。

6. **専任のプロダクト・チームを長期的に存続させることを優先する**　アジャイル・コミュニティで非常によく見られる傾向の一つに、プロジェクト・チームから機能横断型プロダクト・チームへの移行がある。これは、次の原則「プロダクトやサービスを中心に組織化する」につながる。

原則：プロダクトやサービスを中心に組織化する

顧客に提供するプロダクトやサービス（一語にまとめればオファリング）を中心にして組織化することが不可欠である理由はいくつか存在する。この原則が意味するのは、職能を中心にした組織化は行わないということ。つまり、セールス・グループやビジネス分析グループ、データ分析グループ、ベンダー・マネジメント・グループ、プロジェクトマネジメント・グループなどは設けないということだ。職能を中心に組織化した場合、これらの異種チーム間にまたがる作業をマネジメントし、チーム間で異なる優先事項を調整するためのオーバーヘッドと時間が必要になるという問題が生じる。その代わりにわたしたちは、あるオファリングを1社以上の顧客に提供することを専門とするチームを形成する。こうしたチームは、販売スキルやビジネス分析スキル、マネジメント・スキルなどを備えた人々から構成されるという点で、機能横断型チームになると言えるだろう。

プロダクトやサービスを中心に組織化すれば、わたしたちは重要なフロー、つまりバリュー・ストリームを特定して最適化できるようになる。わたしたちは、関連するオファリングの集まりが、顧客に提供する価値を生み出すバリュー・ストリームを定義し、このバリュー・ストリームが、それらのオファリングを専門とするチームの集まりによって実現されることがわかる。DA FLEXのライフサイクルによって表現されたDAツールキットのバリュー・ストリーム・レイヤーについては、第1章で説明した。

プロダクトやサービスを中心に組織化すれば、わたしたちは顧客を喜ばせることに専念できるようになる。これをステファン・デニングは「顧客の法則」と呼んでいる。この法則は、顧客に付加価値を提供することに全員が集中して熱心に取り組む必要があるというものだ［Denning］。それらの顧客はできれば外部顧客、つまり、わたしたちの組織の存在意義であるサービスの提供相手である、人々や組織であるのが望ましい。しかし、時には内部顧客、すなわち、相手が顧客に対してより効果的に奉仕できるように、わたしたちがコラボレーションしている他のグループや人々も存在することがある。

わたしたちの業界では、バリュー・ストリームの中では、長期に渡って一緒に活動する、専任の機能横断型プロダクト・チームが、実際には最も効果的であることがわかっている［Kersten］。とはいえ、プロジェクトベースの作業がなくなることはないだろう。第6章を読めばわかるように、DAは専任のプロダクト・チームだけでなく、プロジェクト・チームにも適したライフサイクルに対応している。決して忘れないでほしい。選択肢があるのは素晴らしいことなのだ。

原則：エンタープライズの意識

人はエンタープライズを意識すると、組織の全体的なニーズを考慮しようとするようになり、チームの部分最適なゴールだけでなく、組織のゴール達成にもプラスに寄与するような行動を取ろうとするようになる。これは、全体

最適を考えるというリーンの原則の一例だ。この場合、「全体」は組織、または少なくともバリュー・ストリームであり、チームレベルの局所的な最適化よりも優先される。

エンタープライズの意識によって、人々の行動にはいくつかの重要なプラスの変化が起こる。第一に、エンタープライズ・プロフェッショナルの指導を求めるために、彼らと緊密に連携するようになる。これらのエンタープライズ・プロフェッショナル、すなわち、エンタープライズ・アーキテクト、プロダクト・マネジャー、財務の専門家、監査人、上級管理者などは、組織のビジネス戦略や技術戦略に対する責任と、組織全体のビジョンを発展させることに対する責任を負っている。第二に、人はエンタープライズを意識すると往々にして、組織内の既存のアセットを活用して進化させるようになり、そのために、それらのアセット（データ、コード、実証済みのパターンや技法など）の担当者とコラボレーションするようになる。第三に、共通のガイダンスを採用してそれに従い、必要ならばそのガイダンスをテーラリングする

ことで、全体的な一貫性と質を向上させるようになる。第四に、学習したことをチーム間で共有し、その結果、組織全体の改善活動を加速させるようになる。ちなみに、DAのプロセス・ブレードの一つである「継続的改善」は、習得事項の共有を支援することに焦点を絞っている。そして第五に、人はエンタープライズを意識すると、透明性の高い方法で働くことに意欲的になるが、他者にも同じことを期待する傾向がある。

エンタープライズの意識は、マイナスの結果をもたらす可能性もある。というのも、チームが絶対的な一貫性とプロセスを遵守することがエンタープライズを意識することだと思い込んでいる人もいるからだ。このような人は、コンテキストが肝心であるということと、すべてのチームはプロセスに関する意思決定を（境界線または一般に「ガードレール」と呼ばれるものの範囲内で）自ら行う必要があるということを理解していない。また、エンタープライズを意識することで「分析麻痺」の状態に陥り、組織の複雑さに圧倒されるあまり意思決定ができなくなる人もいる。

わたしたちが約束すること

ディシプリンド・アジャイリストはDAの原則を信条とするがゆえに、チーム内での共同作業とチーム外部との共同作業のいずれのパフォーマンス向上にもつながる行動を取ることを約束する。これらの約束は実践すると相乗効果を発揮するようになっていて、それぞれの約束の間にはプラスのフィードバック・サイクルが存在する。DAのマインドセットの約束は次のとおりである。

- 心理的安全性を生み出し、多様性を受け入れる。
- 価値実現を迅速化する。
- 積極的にコラボレーションする。
- すべての作業とワークフローを可視化する。

- 予測可能性を改善する。
- ワークロードをキャパシティ内に収める。
- 継続的に改善する。

約束：心理的安全性を生み出し、多様性を受け入れる

心理的安全性とは、地位やキャリアや自尊心に悪影響が及ぶことを心配せずに自分の意見を述べ、自分らしく振る舞うことができる状態を意味する。わたしたちは、安心して自分らしくいられる環境で働くべきだ。2015年にGoogleが実施した調査では、成功しているチームのメンバーは心理的安全性を感じていて、互いに頼り合うことができ、構造化された明確な役割と責任を与えられ、自分たちの仕事に意義と影響力があると認識していることが明らかになった [Google]。

心理的安全性は、多様性と密接に関係している。多様性とは、誰もが唯一無二の存在であり、それぞれが異なる形で付加価値をもたらすことができると認識することである。個人を唯一無二の存在たらしめる要因の例としては、人種、民族、性別、性的指向、アジリティ、身体能力、社会経済的地位、宗教的信念、政治的信念、その他のイデオロギー的信念などが挙げられる。多様性は、チームの成功に不可欠である。なぜなら、より優れたイノベーションの実現を可能にするからだ。チームの多様性が高まれば高まるほど、アイデアと作業の質は向上し、互いから学べることは多くなる。

チーム内の心理的安全性と多様性を育むことのできる戦略はいくつか存在する。その戦略とは次のとおりである。

1. **他者を尊重する**　人は千差万別で、経験も好みも人それぞれである。チーム内で最も賢い人物など存在しない。自分にはない他者の知識を尊重し、他者は自分とは違う重要な視点を持っているのだと認識しよう。
2. **おごらない。**さまざまな意味で、これは学習のマインドセットを持ち、他人を尊重するための鍵である。
3. **倫理的で信頼に足る人物であるよう心がける**　人は、信頼している人物を相手にするほうが、安心して作業ややりとりを行うことができる。信頼は、一連の行為を通じて徐々に築かれるものであり、一度の行為によって即座に崩壊する可能性もある。
4. **安心して失敗できるようにする**　アジャイルの世界には「早く失敗する」というキャッチーなフレーズがある。わたしたちがそれよりも好むのは、「安心して失敗できるようにすることで、早く学習できるようにすべし」というアル・シャロウェイのアドバイスだ。これは、たとえ失敗する可能性があっても、何かを試すことをためらうべきではないという考え方である。ただし、その重点は、安全に素早く学習することに置くべきだ。この「安全に」には、心理的安全性と作業の安全性の両方の意味が含まれていることに注意してほしい。第1章で述べたように、ガイド付き継続的改善（GCI）の狙いは、自分たちにとってそれが有効に機能することを期待しながらも、実験が失敗したときはそこから学ぶつもりで、新しい働き方（WoW）を試すことである。

約束：価値実現を迅速化する

問うべき重要な論点の一つは、価値とは何なのかということだ。アジャイリストが一般的に重視するのは顧客価値、つまり、わたしたちのチームがその提供に寄与するプロダクトやサービスを消費する最終顧客に対して便益をもたらす何かである。これが重要であることは明らかだ。しかし、ディシプリンド・アジャイルでは、チームには幅広いステークホルダーが存在し、外部の最終顧客もその一部であることがきわめて明確に示されている。では、わたしたちはそれらのステークホルダーにも同じように価値を提供すべきなのだろうか。

マーク・シュワルツは著書 *The Art of Business Value* において、顧客価値とビジネス価値という2種類の価値を区別している [Schwartz]。ビジネス価値は、あるものが組織に対しては便益をもたらすが、顧客に対しては間接的にしか便益をもたらさないかもしれないという課題に対応するものだ。たとえば、エンタープライズ・アーキテクチャーや再利用可能なインフラ、組織全体でのイノベーション共有に投資すれば、一貫性や品質、信頼性の向

上と、長期的なコスト削減につながる可能性がある。これらは組織にとっては大いに価値のあることだが、顧客価値に対しては直接的な影響をほとんど及ぼさないかもしれない。しかし、このようなエンタープライズを意識した働き方をすることが、非常に賢明な行為であることは明らかだ。

価値実現を迅速化する方法はいくつか存在する。その方法とは次のとおりである。

1. **小規模で価値の高いアイテムに取り組む**　わたしたちは現時点で最も価値のあるものごとに取り組むことによって、自分たちの取り組みの総合的な投資対効果（ROI）を高める。小規模なものごとに取り組み、それらを迅速にリリースすることで、総合的な遅延コストを削減すると同時に、成果物をステークホルダーに素早く引き渡すことによって、フィードバック・サイクルを短縮する。これはアジャイル・コミュニティではごく一般的な戦略であり、アジャイルの基本であると言っていいだろう。
2. **既存のアセットを再利用する**　組織には、わたしたちが活用できる素晴らしいものが山ほど存在するはずだ。たとえば、既存のツールやシステム、データ・ソース、標準、その他のさまざまなアセットである。しかし、わたしたちはそれらを探すことを選択し、それらにアクセスして、それらについて学習するためのサポートを得る必要がある。そして、自分たちの状況に適合させるために、そのアセットを改善する作業が多少必要になるかもしれない。本章で後述するDAのマインドセットのガイドラインの一つは「組織のアセットを活用し、強化する」ことである。
3. **他のチームとコラボレーションする**　価値実現を迅速化するための簡単な方法の一つは、他者と協力して仕事を片付けることだ。ことわざにあるように、「人手が多ければ仕事は楽になる」のだ。

約束：積極的にコラボレーションする

ディシプリンド・アジャイリストは、個人やチームの作業だけでなく、全体の価値を高めることに努める。これは、わたしたちがチーム・メンバー同士でも、チーム・メンバー以外の他者ともコラボレーションすべきであり、また、そうすることに積極的になるべきであることを意味する。助けを求められるまで待っているのが消極的で、誰かが助けを必要としていることに気づいたら進んで手を貸すのが積極的であるということだ。わたしたちが観察してきたところによると、積極的なコラボレーションの重要な機会としては次の三つが存在する。

1. **チーム内でのコラボレーション**　わたしたちは最高であることと、共に働くチーム・メンバーを手助けすることに絶えず集中すべきである。したがって、誰かが仕事を抱えすぎていたり、何かを処理するのに苦労したりしているのに気づいたら、助けを求められるのをただ待つのではなく、進んで手を貸そう。
2. **ステークホルダーとのコラボレーション**　最高のチームは、ステークホルダーと非常に良好な協力関係にある。そして、ステークホルダーとコラボレーションすることで、自分たちが行っていることとステークホルダーが実際に必要としていることの間にズレが生じないようにする。
3. **組織の境界線をまたいだコラボレーション**　第1章でその仕組みを説明したように、組織とは相互に作用し合う複数のチームから構成された複雑適応系システム（CAS）である。

約束：すべての作業とワークフローを可視化する

ディシプリンド・アジャイル・チーム、そしてチーム・メンバー個人は、自分たちのあらゆる作業と働き方を他者に対して可視化する。[3]これはしばしば「徹底的な透明性」と呼ばれ、他者に対してオープンで率直であることを是とする考え方である。しかし、これには不安を覚える人もいる。

---

[3] これはもちろん、競争または規制上の理由から生じる、機密保持の必要性によって、制約を受けることもある。

従来の手法を採用している組織は、外見は緑色だが中身は赤いスイカのようなプロジェクト、つまり、実際は苦境に陥っているにもかかわらず順調さを装うプロジェクトをいくつも抱えている。透明性は、効果的なガバナンスを支えるためにも、コラボレーションを可能にするためにも不可欠だ。なぜなら、透明性が実現されると、わたしたちは他者が現時点で取り組んでいることを把握できるようになるからだ。

ディシプリンド・アジャイル・チームは、自分たちの作業を個人レベルでもチームレベルでも可視化することが多い。進行中の作業（訳註：work in progress）以上に、仕掛かり作業（訳註：work in process）に集中することはきわめて重要だ。進行中の作業とは、現時点で取り組んでいる作業を指す。仕掛かり作業には、進行中の作業に加え、着手されるのを待って列をなしている作業も含まれる。したがってディシプリンド・アジャイリストは、仕掛かり作業に集中する。

規律あるチームは自分たちのワークフローを可視化したうえで、明示的なワークフロー・ポリシーを設定することにより、自分以外の全員がどのように作業を行っているのかをチーム・メンバー全員が把握できるようにする。明示的なワークフロー・ポリシーを設定すれば、共同作業の進め方についてチーム・メンバーが合意するので、コラボレーションが促進される。また、プロセス改善も促進される。なぜなら、チームは何が起こっているのかを理解できるようになり、その結果、自分たちがどこで潜在的な課題を抱えているのかを特定できる可能性が高まるからだ。働き方に対する姿勢として重要なのは、特定の考え方にとらわれないこと、そして実用的であることだ。というのも、わたしたちは自らが直面するコンテキストにおいて最善を尽くすべきだからだ。

約束：予測可能性を改善する

規律あるチームは、予測可能性を改善することを目指す。そうすれば、コラボレーションと自己組織化の効果を向上させることができ、ひいてはステークホルダーに対する約束を果たす可能性が高まるからだ。これ以前に取り上げた約束の多くは、予測可能性の改善につながる。予測可能性を改善するには、たとえば技術的負債やチーム・メンバーの過負荷などといった、予測不能性をもたらす原因を理解し、それらの課題に取り組むことが有効であることが多い。

予測可能性を改善するための一般的な戦略としては、次のようなものがある。

- **技術的負債を返済する**　技術的負債とは、あるアセットの品質を高め、保守や拡張を容易にするために、将来的に発生するであろうリファクタリングや手直しにかかる暗黙のコストのことである。多額の技術的負債を抱えていれば、どの程度の作業工数が必要になるのか予測するのは困難になる。そして、質の高いアセットを扱うのは、質の低いアセットを扱うよりもはるかに容易なことである。ほとんどの技術的負債は身を潜めている（これから変更しようとしているソース・コードが何を引き起こすのかは、実際にやってみないとわからない。あるいは、自宅のキッチンを改修するときも、これから破壊しようとしている壁の奥に何が潜んでいるのかは、やってみないとわからないのである）。したがって技術的負債は、わたしたちが作業に着手してはじめて、予測不能な驚くべきものごとを伴って姿を現すことが多い。技術的負債の返済は、作業の予測可能性を高めるための重要な戦略の一つであり、プロセス・ゴール「品質の改善」によって表現されている。
- **仕掛かり作業（WIP）の制限を守る**　人は、キャパシティの上限ギリギリの状態やすでに上限に達した状態で作業をしていると、何かを成し遂げるためにどれだけの時間がかかるのか予測しづらくなる。2日分の作業を完了させるのに3か月かかることもある。なぜなら、その作業を3か月にわたって待ち行列に並ばせておいたり、その作業を3か月のあいだ一度に少しずつしか進めなかったりするからだ。さらにひどいのは、誰かの負担が増えれば増えるほど、その人物のフィードバック・サイクルは長くなり、その人物の作業はさらに増え（後述の項目を参照）、その結果、その人物のワークロードはさらに大きくなるということである。したがって、わたしたちは「ワークロードをキャパシティ内に収める」べきだ。そしてこれは、わたしたちがほかに交わす約束の一つである。

- **テスト・ファーストのアプローチを採用する**　テスト・ファーストのアプローチを採用すると、わたしたちは何かをビルドする前に、それをどのようにテストするのかをじっくり考える。このアプローチには、ある利点がある。それは、テストが作業の妥当性を確認するものであると同時に作業を明確化するものにもなり、二つの役割を果たす結果、わたしたちはより高品質なワーク・プロダクトを生み出そうとするようになる傾向があるということだ。このアプローチを採用すると、予測可能性も向上する。なぜなら、自分たちが取り組むものに対する理解を事前に深めることができるからである。テスト・ファーストのアプローチを取る一般的なプラクティスはいくつか存在する。動く受け入れテストを通じて詳細な要求を把握する受け入れテスト駆動開発（ATDD）[ExecutableSpecs]や、動く開発者テストとして設計を把握するテスト駆動開発（TDD）[Beck, TDD]はその例である。

- **フィードバック・サイクルを短縮する**　フィードバック・サイクルとは、何かを行ってから、それに関するフィードバックを得るまでに要する時間のことだ。たとえば、メモを書いて誰かに送り、相手に意見を求めたとしよう。その後、返事が来るまでに4日かかったとすれば、フィードバック・サイクルは4日間ということになる。だが、コラボレーション型の働き方を採用し、そのメモを相手と共同で書いたとすれば（この技法はペアリングと呼ばれる）、フィードバック・サイクルは数秒になる。なぜなら、自分たちが何をタイピングしているのか相手の目にも見えるので、メモを書いている最中にその内容について話し合うことができるからだ。フィードバック・サイクルが短ければ、作業の質を向上させる行動を素早く取ることができ、その結果、予測可能性を改善し、顧客を喜ばせる可能性を高めることができる。フィードバック・サイクルが長いのは厄介なことである。なぜなら、フィードバックを得るまでの時間が長くなればなるほど、作業が抱える問題は発展していく可能性が高まるからだ。すると、元の問題に加えてそこから派生した問題も解決する必要が出てくるので、問題に対処するためのコストは増大する。また、フィードバック・サイクルが長ければ、作業に対する要求が変化する可能性も高まる。その原因は、環境の何かが変化したことか、誰かが単に心変わりして、当初とは別のものを求めるようになったことのどちらかだ。どちらの場合も、フィードバック・サイクルが長ければ長いほど、わたしたちが行うべき作業は増えることになり、その結果、ワークロードは増大するのである（先に述べたように）。

約束：ワークロードをキャパシティ内に収める

キャパシティを超えることは、個人と生産性のどちらの視点から見ても問題である。個人レベルでは、ある人物やチームに負担を掛けすぎると、その関係者のフラストレーションは増すことが多い。短期的には、もっと頑張ろうとする人もいるかもしれないが、長期的には、過負荷状態によって人は燃え尽きてしまい、さらには、その状況に希望を見いだせず、諦めて離職することさえありうる。生産性の視点から見ると、過負荷状態はマルチタスキングの原因となり、マルチタスキングは全体のオーバーヘッドを増大させる。ワークロードをキャパシティ内に収める方法は、次のとおりである。

- **小規模なバッチに取り組む**　作業を小規模なバッチに分ければ、小規模なバッチを片付けることに集中し、それが終わったら次の小規模なバッチに移るということができる。

- **チームを適切に形成する**　機能横断型チームに十分な人員を配置すれば、他者との依存関係が減るので、ワークロードをキャパシティ内に収める能力は上がる。依存関係が増えれば増えるほど、作業の予測可能性は低下し、その結果、作業を組織化するのが難しくなる。

- **フローの観点で見る**　自分たちが属するワークフロー全体に注目すれば、作業が列をなしているボトルネックを探すことで、どこでキャパシティ超過が発生しているのかを特定できる。すると、ボトルネックを緩和するために働き方を調整できるようになる。その手段としては、あるアクティビティからキャパシティが足りない別のアクティビティへと人を移動させることや、ボトルネックを抱えているアクティビティに対するアプローチを改善したりすることが考えられるだろう。もちろん目指すべきは、自分たちのワークフローだけを局所的に最適化することではなく、自分たちが属するバリュー・ストリーム全体のフローを最適化することである。

- **プル方式のシステムを利用する**　準備が整った時点で作業をプルする（引き取る）ことの利点の一つは、自分たちのワークロードのレベルをマネジメントできることである。

約束：継続的に改善する

Apple、Amazon、eBay、Facebook、Googleをはじめとする真に成功した組織は、継続的改善を通じてその地位を築いた。そのような組織は、競争力を維持するために必要なことを理解していた。それは、自分たちのプロセス、自分たちが顧客に提供している成果、そして自分たちの組織構造を改善する方法を絶えず探ることだ。だからこそ、そうした組織は、小さな変更を積み重ねることによって改善するというカイゼンベースのアプローチを採用するのである。第1章では、カイゼンベースのアプローチをさらに上回るパフォーマンスを達成できる方法を紹介した。それは、ガイド付き継続的改善（GCI）のアプローチを採用して、DAツールキットに収められた知識ベースを活用するというものである。

継続的改善を行うには、何を改善するのかについて合意する必要がある。わたしたちが観察してきた限りでは、このセクションで取り上げたさまざまな約束を果たす方法の改善（改善する方法の改善を含む）に集中するチームは、それを行わないチームよりも迅速に改善を成し遂げる傾向がある。安全性と多様性を向上させ、コラボレーションを強化し、予測可能性を改善し、ワークロードをキャパシティ内に収めることが、チームのためになるのは明らかだ。また、残りの約束についても改善すれば、上記のことは組織のためにもなる。

わたしたちが従うガイドライン

ディシプリンド・アジャイリストは自らの約束を果たすために、自分たちの働き方の効果を高める一連のガイドラインに従うことを選ぶ。DAのマインドセットのガイドラインは次のとおりである。

1. 学習したことを検証する。
2. デザイン思考を適用する。
3. バリュー・ストリーム全体の関係に配慮する。
4. 喜びを育む効果的な環境を作る。
5. システムの改善によって文化を変革する。
6. 半自律型の自己組織化チームを作る。
7. 成果を改善するための測定値を採用する。
8. 組織のアセットを活用し、強化する。

ガイドライン：学習したことを検証する

最高になるための唯一の方法は、新しい働き方を実験し、必要に応じてそれを採用することだ。GCIのワークフローでは、新しい働き方を実験したあとで、それがどのくらい効果を発揮したのかを評価する。このアプローチは「検証による学習」と呼ばれる。願わくは、その新しい働き方が自分たちのコンテキストで自分たちにとって有効であることが判明するといいのだが、有効ではないと判明するケースもある。いずれにしても、これでわたしたちは、学習したことを検証したことになる。実験する意欲と実験ができる能力は、プロセス改善活動に不可欠である。マーク・トウェインの格言を思い出してほしい。「人が窮地に陥るのは、何かを知らないからではない。実際には知らない何かを知っていると思い込むからだ」

検証による学習の用途は、プロセス改善だけではない。この戦略は、顧客に提供しているプロダクトやサービス（オファリング）にも利用すべきである。ビルドを小分けに行い、ステークホルダーが変更を利用できるようにしたうえで、その変更が実際にどのくらい有効なのかを評価するという手もあるのだ。そのための手段としては、ステークホルダーに対してオファリングのデモを行うことや、さらに望ましいのは、実際のエンドユーザーに対して変更をリリースし、それらの変更がエンドユーザーのためになったかどうか測定することが考えられる。

ガイドライン：デザイン思考を適用する

顧客を喜ばせるには、何が自分たちの務めなのかを理解する必要がある。その務めとは、顧客を念頭に置いて設計された、顧客のためのオペレーション・バリュー・ストリームを生み出すことだ。これにはデザイン思考が求められる。デザイン思考とは、顧客に共感すること、つまり、ソリューションを開発する前にまずは顧客の環境とニーズを理解しようとすることを意味する。デザイン思考は、開発者の視点でシステムを構築することから、顧客の問題を創造的に解決することと、さらに良いのは、顧客が自覚していなかったニーズを満たすことへの抜本的なシフトであると言える。

デザイン思考は、ある問題空間を反復的に探り、それに対する潜在的なソリューションを特定するために利用すべき探索型のアプローチの一つだ。デザイン思考のルーツはユーザー中心設計と利用中心設計にあるが、この二つはいずれもアジャイル・モデリングに影響を与えている。そして、アジャイル・モデリングは、DAツールキットがそのプラクティスを採用しているさまざまな手法のうちの一つである。第6章で述べるように、新たな問題空間を探索するためにもっぱら利用される探索型のライフサイクルにもDAは対応している。

ガイドライン：バリュー・ストリーム全体の関係に配慮する

アジャイル・マニフェストの特に大きな強みの一つは、「個人と対話を、プロセスやツールよりも重視する」という最初の理念だ。そしてもう一つの強みは、マニフェストの背景にある原則でチームを重視している点である。しかし、これには残念な副作用もある。それは、異なるチームや、さらには異なる組織に属する人々との対話を軽視してしまうことだ。わたしたちの経験から言えるのは、そして、これがマニフェストの筆者たちが言わんとすることであるとわたしたちが考えるのは、作業を行っている人々同士の対話こそが、その人々がチームの一員であるかどうかにかかわらず、重要であるということである。したがって、あるプロダクト・マネジャーが、市場で起きていることをより深く理解するために組織のデータ分析チームと密接に協力し、そこで得た知見をコンテキストに当てはめるために戦略チームと連携する必要があるなら、わたしたちはそれらの交流が効果的であるようにしたいのだ。わたしたちは、これらのチーム間で積極的にコラボレーションし、目の前の作業全体をサポートする必要がある。

健全な対話のプロセスに気を配り、維持することは、そのプロセスに関与する人々にとって重要なことだ。従って、組織のリーダーによってサポートされ、可能にされるべきものなのだ。現に、ミドルアップダウン型マネジメントと呼ばれるリーダーシップ戦略も存在する[Nonaka]。この戦略においてマネジャーは、バリュー・ストリームの「上流（アップ）」に注目し、そこで何が必要とされているのかを特定する。そして、チームがそのニーズを満たせるようにするとともに、下流（ダウン）のさまざまなチームと連携して、作業を効果的に調整する。その全体のゴールは、ワークフロー全体の最適化をサポートするような形で、局所的に調整を行うことである。

ガイドライン：喜びを育む効果的な環境を作る

アジャイル・マニフェストを言い換えると、最高のチームは、目標の達成に必要な環境とサポートを与えられた意欲的な個人を中心に築かれるということになる。最高であることの一環には、楽しむことと喜びを感じることも含まれる。わたしたちは、最も優秀な人材を引き寄せて定着させることができるように、自分たちの会社で働くことが素晴らしい経験であってほしいと望む。正しく行えば、仕事は遊びになる。

共同作業をうまく行うことができる環境を生み出せば、仕事はより喜びに満ちたものになる。それを実現するための重要な戦略の一つは、チームが自己組織化できるようにすること。つまり、チームが自分たちの働き方、組織構造、作業環境を自ら選び、進化させることができるようにすることだ。チームはそれを、エンタープライズを意識した形で行わなければならない。つまり、他のチームとコラボレーションする必要があり、組織の手続きや標準に従わなければならず、制約条件の枠内でしか行動できないということだ。リーダーの仕事は、チームがスタートす

るのに適した環境を用意したうえで、チームが徐々に学習しながら改善していくことを可能にし、サポートすることである。

ガイドライン：システムの改善によって文化を変革する

ピーター・ドラッカーの有名な格言に「文化は戦略をいとも簡単に飲み込んでしまう」というものがある。アジャイル・コミュニティはこのことを真剣に受け止めてきた。そして、この考え方はアジャイル・マニフェストの人間中心の性質にはっきりと反映されている。文化は重要であり、文化変革はあらゆる組織のアジャイル・トランスフォーメーションに欠かせない要素である。だが残念なことに、文化は直接変えられないのが現実だ。これは、文化が現行のマネジメント・システムを反映しているからであり、したがって、文化を変えるにはシステム全体を進化させる必要がある。

システムの視点から見ると、システムはそれを構成するコンポーネントの集まりであると同時に、それらのコンポーネント間の相互作用のありようでもある[Meadows]。組織で言えば、コンポーネントとは組織内のチームやグループのことであり、それらのチームやグループが利用するデジタルや物理的なツールやアセットのことだ。相互作用とは、その組織に関わる人々のコラボレーションであり、これは、それらの人々が担う役割および責任と、それらの人々の働き方の影響を受ける。あるシステムを改善するには、それを構成するコンポーネントと、それらのコンポーネント間の相互作用の両方を同時に進化させる必要があるのだ。

組織のシステムを構成するコンポーネントを改善するには、チームの構造と、チームが作業を行うために利用するツールやアセットを進化させる必要がある。DAのマインドセットの次のガイドラインである「半自律型の自己組織化チームを作る」は、チームの側面を扱っている。プロセス・ゴール「品質の改善」では、インフラの品質を改善するための選択肢を提示しているが、こうした取り組みは長期間に及び、多額の投資を要する傾向がある。本書の主眼であるコンポーネント間の相互作用の改善を実現するには、チーム・メンバーの役割と責任を進化させ、チーム・メンバーが自分たちの働き方を進化させることができるようにする必要がある。

要するに、システムを改善すれば、文化の変化はあとから付いてくるのだ。文化が前向きに変化するためには、検証による学習のアプローチでそれらの改善に取り組む必要がある。

ガイドライン：半自律型の自己組織化チームを作る

組織とは、複数のチームのネットワーク、言うなれば複数のチームからなる一つのチームによって構成された、複雑適応系システム（CAS）である。主流のアジャイルでは、成果を実現するために必要なスキルと資源を完備した「チーム全体」を作るよう促すが、現実には、自己完結したチームなど存在しないのだ。自律的なチームは理想的だが、自分たちが所属する上流のチームや、自分たちよりも下流のチームとの依存関係は常に存在する。そしてもちろん、オファリング（プロダクトまたはサービス）間の依存関係も存在し、それらを担当するチームとの間でコラボレーションする必要がある。この複数チームからなるネットワークという組織構造を推奨する声は、ステファン・デニングの「ネットワークの法則」[Denning]、ミック・カーステンによるプロジェクト・チームからプロダクト・チームへの移行に関する提言[Kersten]、ジョン・コッターの著書『ジョン・P・コッター実行する組織：大組織がベンチャーのスピードで動く』[Kotter]、スタンリー・マクリスタルのチーム・オブ・チームズ戦略[MCSF]をはじめ、さまざまなところから上がっている。

チームは他のチームと定期的に、積極的にコラボレーションする。これは、DAのマインドセットの約束の一つだ。最高のチームは、可能な限り完全体に近い。つまり、機能横断型で、成功するために必要なスキル、資源、権限を有し、チーム・メンバー自身が往々にして機能横断型の総合的スペシャリストである。チームはさらに、自分たち

が属するバリュー・ストリームによって提供されるプロダクトやサービスを中心に組織化されている。興味深いことに、ビジネス側のステークホルダーに特化したチームを設けると、予算編成の複雑度は大幅に低下する。なぜなら、各プロダクトまたはサービスに連動する人々の予算を立てるだけで済むからだ。

半自律的なチームを作ることは素晴らしい第一歩だが、バリュー・ストリームのコンテキストの範囲内で自己組織化することにも関心を持つべきである。チームは自己組織化するが、自分たちが属するワークフロー全体のコンテキストの範囲内でそれを行わなければならない。「フローを最適化する」と「エンタープライズの意識」の原則を思い出してほしい。チームは自分たちにとって都合のいいことだけでなく、組織全体にとって適切なことを行うように努めなければならないのだ。他のチームもそのような働き方をすれば、全員の貢献度が大幅に向上する。

ガイドライン：成果を改善するための測定値を採用する

測定に関しては、コンテキストが肝心だ。わたしたちは何を改善したいのだろうか。品質？市場投入までの期間？スタッフの士気？顧客満足？あるいはそれらの組み合わせだろうか？どのメンバー、チーム、組織にも、それぞれの改善の優先順位があり、働き方も異なっている。したがって、メンバー、チーム、組織はそれぞれが固有の一連の測定値を設定し収集することで、自分達がどのような状況にあるか、さらにもっと重要なのは、どのように進めていけばよいかを知るための洞察を得ることが必要だろう。測定値は、状況や優先順位の変化に応じて、時間の経過とともに進化していく。つまり、測定戦略は柔軟で目的に適うものにする必要があり、チームによって異なるのだ。プロセス・ゴール「チームのガバナンス」には、ゴール質問メトリクス（GQM）[GQM]や目標と主な結果（OKR）[Doer]といった、コンテキスト駆動のメトリクスの採用を促進する戦略がいくつか用意されている。

チームは自分たちの働き方に関する洞察を得ることと、チームに対するガバナンスを効果的に行うために必要な可視性をシニア・リーダーに提供することを目的として、メトリクスを利用すべきだ。正しく利用すれば、メトリクスは意思決定の向上につながり、ひいては成果の向上につながるはずだ。やり方を間違えば、測定戦略はチームが直面する官僚主義を増大させ、チームの生産性の足を引っ張り、そのチームに対するガバナンスを行おうとする誰かに対して不正確な情報をもたらすだろう。以下に、チームを測定するためのアプローチを決定する際に考慮すべき経験則をいくつか紹介する。

- 成果から出発する。
- 価値提供に直接関係するものごとを測定する。
- 測定に「定石」はない。チームには目的に適合したメトリクスが必要である。
- どのメトリクスにも強みと弱みがある。
- 比較ではなく、動機付けのためにメトリクスを使用する。
- わたしたちは測定するものしか得られない。
- チームは自己組織化するためにメトリクスを使用する。
- チームレベルで成果を測定する。
- 必要なメトリクスのセットはチームごとに異なる。
- 改善のために測定する。痛み（pain）を測定することで、得られるもの（gain）がわかる。
- チーム間で共通のメトリクスではなく、共通のメトリクス・カテゴリーを持つ。
- 信頼しながらも検証する。
- メトリクスに合わせたマネジメントはしない。
- 可能であれば常に自動化することで、メトリクスの測定漏れをなくす。
- スカラー値よりも傾向を重視する。
- 後続のメトリクスよりも先行のメトリクスを重視する。
- プッシュ型よりもプル型を重視する。

ガイドライン：組織のアセットを活用し、強化する

組織には、チームのパフォーマンスを高めるために採用できるさまざまなアセットが存在する。情報システム、情報源、ツール、テンプレート、手続き、学習事項などがその例だ。わたしたちはそのようなアセットを採用することを選ぶだけでなく、それらを改善することで、自分たちにとっても、それらを利用することを同じように選んだ他のチームにとってもより良いものにできることに気づくかもしれない。このガイドラインが重要な理由はいくつかある。その理由とは次のとおりだ。

1. **先人がすでに素晴らしい仕事を数多く行ってきた**　わたしたちの組織の内部には、チームが活用できるアセットが幅広く存在する。ときには、既存のアセットを自分たちのニーズに合わせて進化させるところから始める必要があることに気付く。そうしたほうが通常は、白紙の状態から同じアセットを作るよりも時間とコストを節約できる。

2. **現在も周囲では素晴らしい仕事が数多く行われている**　わたしたちの組織は、複数の半自律的な自己組織化チームからなるネットワークだ。わたしたちは、そのようなチームとの共同作業から学び、積極的にコラボレーションし、その結果、価値実現を迅速化することができる。エンタープライズ・アーキテクチャー・チームは、わたしたちが正しい方向へ進むように支援することができるし、わたしたちは、エンタープライズ・アーキテクチャー・チームがたてた戦略を実際に適用した効果を彼ら/彼女らが知る手助けをすることができる。ステファン・デニングは、組織のビジネス運営サイド（ベンダー・マネジメント部門、財務部門、人事マネジメント部門など）が、組織のバリュー・ストリームを実行するチームを支援することの必要性を強調している[Denning]。顧客を喜ばせようとするならば、わたしたちはエンタープライズを意識して、ともに働き、学ばなければならないのだ。

3. **技術的負債全般を削減できる**　先に述べたように、残念ながら多くの組織は、技術的負債の重圧にあえいでいるのが実状だ。既存のアセットを再利用し、その際に出くわした技術的負債の一部を返済することに投資しよう。そうすれば、はまっている技術的負債のわなから徐々に脱却できるはずだ。

4. **より大きな価値をより迅速に提供できる**　再利用を拡大すれば、顧客にすでに提供しているものをそのまま再発明する代わりに、新たな機能の実装に集中できるようになり、その結果、顧客を喜ばせることができる。技術的負債を返済すれば、自分たちがビルドしようとしているものの土台となるインフラの根本的な品質を高めることができ、その結果、新機能をデリバリーするペースを徐々に加速させることができる。

5. **他者をサポートできる**　他のチームとのコラボレーションによって相手から学ぶように、相手のチームもわたしたちから学びを得ている。組織レベルでは、センター・オブ・エクセレンス（CoE）やプラクティス・コミュニティ（CoP）を創設することで、獲得した学びを組織全体で共有し、相互学習を強化することができる[CoE、CoP]。

その他の偉大な理念

以下では、ディシプリンド・アジャイリストにとって実際に有効であることがすでに確認されている理念をいくつか紹介する。

1. **難しいならば、行う頻度を増やす**　システム統合テスト（SIT）は難しいと思い込んではいないだろうか。ならば、伝統主義者のようにライフサイクルの最後まで先延ばしにするのではなく、毎回のイテレーションでSITを行う方法を見つけよう。さらに、毎日行う方法を見つけよう。難しいことを行う頻度を増やせば、わたしたちは否が応でも、それを楽にする方法（自動化を利用することが多い）を見出すのが通例だ。

2. **怖いならば、行う頻度を増やす**　特定のコードを進化させることを恐れてはいないだろうか。相手が心変わりするかもしれないという理由で、ステークホルダーからフィードバックを得ることを恐れてはいないだろうか。ならば、それを行う頻度を増やして、恐れているものごとを克服する方法を見つけよう。マイナスの結果を避ける方法か、それをプラスに変える方法を見つけるのだ。そのコードを修正して、ソリューションを進化させやすくしよう。ステークホルダーが、自身の下す判断がもたらす影響を理解できるように手助けしよう。

3. **理由を求め続ける**　何かを真に理解するには、それがなぜ生じたのか、なぜそのように機能するのか、なぜ他者にとって重要なのかといった問いを自分に投げかける必要がある。そして、何度も繰り返し自問しなければならない。トヨタではこのプラクティスを「5回のなぜ」分析と呼んでいるが[Liker]、5を魔法の数字と見なすのは間違いだ。根本原因を突き止めるまで、何回でも自問自答しよう。

4. **毎日、何かを学ぶ**　ディシプリンド・アジャイリストは毎日、何かを学ぶことを目指す。たとえばそれは、作業しているドメインに関することかもしれない。テクノロジーに関することか、利用中のツールに関することかもしれない。あるいは、新しいプラクティスかもしれないし、あるプラクティスの新しいやり方かもしれない。わたしたちの目の前には、学習する機会が豊富に存在する。それらを活用しよう。

まとめ

ディシプリンド・アジャイルのマインドセットを要約するにはどうすればいいのだろうか。サイモン・パワーズはDAのマインドセットを、三つの中核的な信条によってまとめている[Powers]。その信条とは次のとおりである。

1. **複雑さに関する信条**　わたしたちが直面する問題の多くは、複雑適応的な問題である。つまり、それらの問題を解決しようとすると、それらの問題自体の性質を変えることになる。

2. **人に関する信条**　個人はチームと組織から独立していると同時に、チームと組織に依存してもいる。人間とは相互に依存し合う存在だ。適切な環境（安全性、尊重、多様性、参画）と、意欲を引き出すような目的を与えれば、信頼と自己組織化を引き出すことができる。これを実現するには、相手を無条件に肯定的に受け止める姿勢で全員と接する必要がある。

3. **積極性に関する信条**　積極性は、改善の飽くなき追求の中に見つかる。

わたしたちは上記の信条に説得力を感じている。これらの信念は、わたしたちがなぜ働き方を選ぶ必要があるのか、その背景にある根本的な動機を、いろいろな意味で集約している。わたしたちはそれぞれが唯一無二のコンテキストに直面しているからこそ働き方をテーラリングする必要があり、その過程で、自分たちが直面する状況に変化をもたらす。そして、その状況の変化が、わたしたちに、さらなる学習と働き方の進化を求めるのだ。人に関する信条によってわたしたちは、効果的かつ安全に共同作業ができる働き方を見つけようとする。そして、積極性に関する信条は、学習と改善を継続的に行うべきであるという考え方を反映するものだ。

マインドセットは始まりにすぎない

ディシプリンド・アジャイルのマインドセットは、組織をアジャイルにするための確固たる土台となるが、それは土台にすぎない。わたしたちが懸念しているのは、本章で概観した概念に重点を置こうとしてアジャイルを矮小化させている、未熟なコーチがあまりに多いことだ。マインドセットは出発点としては有効だが、実際に仕事を片付けるのはマインドセットではない。わたしたちは「アジャイルである」だけでは不十分で、「アジャイルをする」方法も知る必要がある。人を尊重するコラボレーション型の働き方をしたいと考えるのは素晴らしいことだが、仕事の進め方をしっかり理解していなければ、あまり多くのことは成し遂げられない。ソフトウェア開発、そして何よりソリューション・デリバリーは、複雑な仕事である。わたしたちは、自分たちが何をしているのか理解している必要があるのだ。

第3章
ディシプリンド・アジャイル・デリバリー（DAD）とは

規律とは、やらなければならないとわかっていることを、
たとえやりたくなくても、やることである。─作者不詳

本章の要点

- DADはディシプリンド・アジャイル（DA）ツールキットのデリバリー部分である。単にもう一つの方法論ではない。
- スクラム、XP、カンバンを使っているなら、すでにDADのサブセットのバリエーションを使っている。
- DADでは6種のライフサイクルから選択できる。DADは単一の働き方を規定するのではない─「選択肢があるのは素晴らしいこと」。
- DADはエンタープライズの主要な問題に対応する。
- プロセスの厄介な部分はDADに任せればよい。
- DADはアジャイル開発が最初から最後までどう機能するのかを示す。
- DADはメインストリームの手法を戦術的にスケーリングする柔軟な基礎となる。
- DADから始めれば簡単である。
- まずは既存の働き方から始めて、DADを適用しながら徐々に働き方を改善する道もある。リスクのある「ビッグバン」のような変化を起こす必要はない。

多くの組織はスクラムの採用からアジャイルの旅を始める。スクラムがアジャイル・ソフトウェア・チームを導くのに適した戦略を提示しているからだ。しかし、スクラムは、ステークホルダーに洗練されたソリューションを届けるために必要なことのほんの一部にすぎない。チームは例外なく、スクラムで意図的に無視されているプロセスのギャップを埋めるために別の手法に目を向けざるを得なくなる。スクラムはこの点がはっきりしている。別の手法を見ると、かなりの重複もあれば、矛盾する用語もあり、それが実践者はもちろん、外部のステークホルダーも混乱させがちだ。さらに悪いことに、どこにアドバイスを求めたらよいかわかるとは限らず、そもそも検討すべき問題が何かわからないことさえある。

このような課題に対処するために、ディシプリンド・アジャイル・デリバリー（DAD）はアジャイル・ソリューション・デリバリーのための、よりまとまったアプローチを提供する。DADは、ITソリューション・デリバリーのための、人を第一に考える学習指向のハイブリッド型アジャイル・アプローチだ。DADの重要な側面を整理しておこう。

1. **人間第一**　人と仕事の進め方が、ソリューション・デリバリー・チームの成功を左右する主な決定要因だ。DADは、置かれた状況のニーズに合わせてテーラリングできる、しっかり定められた一連の役割、権利、責任を提示する。

2. **ハイブリッド**　DADは、スクラム、SAFe、Spotify、アジャイル・モデリング（AM）、エクストリーム・プログラミング（ＸＰ）、統一プロセス（UP）、カンバン、リーン・ソフトウェア開発、その他の手法のすぐれた考え方をコンテキストに落とし込むハイブリッドなツールキットである。

3. **デリバリー・ライフサイクル全体**　DADは、チームの立ち上げからエンドユーザーにソリューションをデリバリーするまでの、デリバリー・ライフサイクル全体に対応する。

4. **複数のライフサイクルをサポート**　DADは、アジャイル、リーン、継続的デリバリー、探索型、大規模チームのライフサイクルをサポートしている。DADは、何にでも当てはまる単一のプロセス・アプローチはないという認識に基づいて、ライフサイクルを一つに規定しない。第6章では、ライフサイクルについて詳しく説明し、まず最初に適切なライフサイクルを選び、時間の経過とともに別のライフサイクルに発展させていく方法をアドバイスしたい。

5. **完全性**　DADは、開発、モデリング、アーキテクチャー、マネジメント、要求や成果、文書化、ガバナンス、及びその他の戦略が、合理的な全体像にどのようにまとめられているかを示している。DADは、他の手法では当人の判断に任せられている「プロセスの厄介な部分」を受け持つ。

6. **コンテキスト依存**　DADは、いわゆるゴール駆動アプローチや成果駆動アプローチを促進する。そうすることで、DADは実行可能な代案とそのトレードオフに関してコンテキストに即したアドバイスを提供し、置かれた状況に効果的に対処できるようにDADをテーラリングできるようになる。DADは、何がうまくいき、何がうまくいかないのか、そしてもっと重要なその理由を説明することで、有効な戦略を採用する可能性を高め、しかも合理的な方法でこれを行えるよう支援する。DAの原則「コンテキストが肝心」を忘れないでほしい。

7. **動くソフトウェアより使用可能なソリューション**　出荷可能なソフトウェアは良い出発点ではあるが、本当に必要なのは顧客を喜ばせる使用可能なソリューションである。

8. **適切なガバナンスの下での自己組織化**　アジャイル・チームとリーン・チームは自己組織化チームだ。つまり、作業を計画し見積もるのは、その作業をする人である。だからといって、望むことを何でもできるわけではない。組織の優先順位を反映したエンタープライズの意識で作業しなければならず、そのためにはシニア・リーダーによる適切なガバナンスを受ける必要がある。プロセス・ゴール「チームのガバナンス」は、まさにそれを実行するための選択肢を説明している。

本章ではDADの概要を簡潔に説明するにとどめ、詳細は次章以降で取り上げる。

DADの変更点

既にDADを実践している人にとって、本書には、*Disciplined Agile Delivery: A Practitioner's Guide to Agile Software Delivery in the Enterprise*［AmblerLines2012］の内容と比べて、エキサイティングな変更点がいくつかある。これらの変更点は、わたしたちが世界中の何十もの組織で経験したことに基づいており、さらに重要なこととして、数え切れないほど多くの実務者から提供されたインプットを反映している。変更点は以下のとおりだ。

1. **プロセス・ゴールのリファクタリング**　ここ数年で一部のゴール名を変更し、新しいゴールを一つ追加し、2組のゴールを結合した。これによりゴールがより理解しやすくなると思う。

2. **全ゴールの更新**　ここ数年で多くのことを学び、優れた技法もいろいろ現れ、どちらかと言えば古い技法を新しい状況に当てはめてきた。わたしたちは、PMI.org/disciplined-agileオンラインサイトや教育コースの教材で、更新されたゴールを提示してきたが、それら更新内容の全てを印刷媒体に載せたのは今回が初めてである。

3. **全ゴールを視覚的に表現**　本書はDADのゴール図をすべて収録した初の書籍となる。ゴール図が導入されたのは、2012年に初版が刊行された後である。

4. **ライフサイクルの新規追加と更新**　プログラム型ライフサイクル（以前はチーム構造の観点から説明していた）と探索型ライフサイクルを明示的に導入した。また、以前は継続的デリバリー・ライフサイクルと呼んでいたもののアジャイル版とリーン版の両方を導入した。

5. **ツールキットを実際に適用するためのアドバイス**　本書の大きな変更点は、DAを実際に適用するためのアドバイスを大幅に増やしたというものだ。これらのアドバイスには、旧版以降数年にわたり、ディシプリンド・アジャイル戦略の採用に向けて世界中の組織と協力してきた経験が反映されている。

人間第一：役割、権利、責任

図3.1は、DADチームで人々が担うと想定される役割を表している。詳しくは第4章で説明する。役割は二つのカテゴリーに分類される。どのアジャイル・チームの成功にとっても欠かせない主要な役割と、必要に応じて登場する補助的な役割だ。

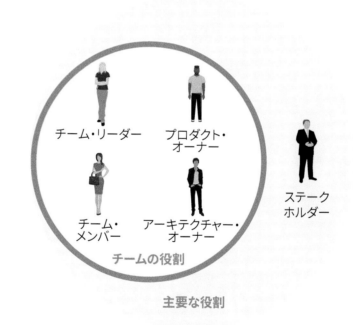

図3.1 DADチームの想定される役割

主要な役割:

- **チーム・リーダー**　チームを率いる人。チームの成功を助ける。たとえば、シニア・スクラム・マスター、プロジェクト・マネジャー、機能部門マネジャーなどが、この役割を担う可能性がある。
- **プロダクト・オーナー (PO)**　プロダクト・オーナーは、ステークホルダーと協力して完了すべき作業を特定する、その作業に優先順位を付ける、チームがステークホルダーのニーズを理解し、ステークホルダーと効果的にやり取りするのを助けるという責任を持つ [ScrumGuide]。
- **アーキテクチャー・オーナー (AO)**　アーキテクチャー・オーナーは、チーム・リーダーやプロダクト・オーナーと密接に連携しながら、チームがアーキテクチャーと設計を決定できるように導く [AgileModeling]。
- **チーム・メンバー**　チーム・メンバーは、協力してソリューションを生み出す。チーム・メンバーが総合的スペシャリストか、そうあろうと努めていれば理想的だ。いわゆるスキル横断型の人材ということである。総合的スペシャリストとは、一つ以上の専門 (テスト、分析、プログラミングなど) があり、ソリューション・デリバリーと担当ドメインの全般的な知識を持っている人物である [[GenSpec]]。
- **ステークホルダー**　ステークホルダーとは、チームの作業によって影響を受ける人物である。エンドユーザー、サポート・エンジニア、オペレーション・スタッフ、財務担当者、監査人、エンタープライズ・アーキテクト、シニア・リーダーが該当するが、これらに限定されるものではない。アジャイルの手法によっては、この役割を顧客と呼ぶこともある。

補助的な役割:

- **スペシャリスト**　ほとんどのチーム・メンバーは総合的スペシャリストか、少なくともそうなる努力をしている人だが、要請があればチームにスペシャリストを置くこともある。ユーザー・エクスペリエンス (UX) やセキュリティのエキスパートは、ユーザー・インターフェース (UI) 開発やセキュリティに大きな懸念がある場合に、チームに参加する可能性がある専門家である。複雑なドメイン、あるいは地理的に分散したステークホルダーに対応するときは、プロダクト・オーナーをサポートするビジネス・アナリストが必要なこともある。さらに、DAツールキットの他の部分に属す役割、たとえば、エンタープライズ・アーキテクト、ポートフォリオ・マネジャー、再利用エンジニア、オペレーション・エンジニアなども、DADの観点ではスペシャリストと見なされる。
- **独立テスター**　全部ではないにしても、テストの大部分はチームが行うのが望ましいが、大規模な独立テスト・チームが必要なこともある。独立テスターが必要な一般的なシナリオとしては、規制コンプライアンスにより、一部テストをチーム外で行うことが義務づけられている場合や、大規模プログラム (複数チームからなるチーム) が、インテグレーションに重要な課題を抱える複雑なソリューションに取り組んでいる場合などが考えられる。
- **ドメイン・エキスパート**　ドメイン・エキスパート (当該分野専門家 (SME) とも呼ばれる) は、特定のドメインや問題空間に深い知識を持っている人物である。ドメイン・エキスパートは多くの場合、チームやプロダクト・オーナーと連携して、その知識や経験を共有する。
- **テクニカル・エキスパート**　技術面の深い専門知識を備え、短期間チームと連携して特定の技術的な課題を克服するのを支援する人物。たとえば、データベースの運用管理者 (DBA) ならば、チームと連携してデータベースのセットアップ、構成、基礎的な学習を支援するだろう。
- **インテグレーター**　システム・インテグレーターとも呼ばれる。独立テスターが複雑なソリューションやソリューション群のシステム統合テスト (SIT) を行う場合にサポートすることが多い。

アジャイル・チームの全員が、権利と責任を持つ。「全員」である。たとえば、全員が尊重される権利を持つが、同時に他者を尊重する責任も持つ。

ディシプリンド・アジャイル®（DA™）

図3.2 DADは特定の考え方に依存しない、優れた考え方のハイブリッド

さらに、アジャイル・チームの各役割は、果たすべき特定の追加的な責任を負っている。権利と責任については、第4章でも詳しく説明する。

優れたアイデアのハイブリッド

プロセスの厄介な部分はDADに任せればよい。何が言いたいかというと、わたしたちはさまざまな手法、フレームワーク、その他のソースを発掘して、チームが実験したい、採用したいと思うようなプラクティスや戦略を特定したということだ。そしてこれらの技法をコンテキストに当てはめ、その技法の長所・短所は何か、いつ適用し、いつ適用しないのか、どの範囲まで適用するのかといった基本概念を検討した。これらの問いの答えは、チームが働き方を選ぶときに重要な意味を持つ。

図3.2は、わたしたちが技法を求めて発掘した方法論とフレームワークの一部を示している。たとえば、XPから生まれたのが、テスト駆動開発（TDD）、リファクタリング、ペア・プログラミングなどのさまざまな技術的プラクティスだ。スクラムからは、プロダクト・バックログ、スプリント／イテレーション計画、日次調整ミーティングなどの戦略が生まれた。アジャイル・モデリングは、モデル・ストーミング、初期アーキテクチャーの構想、継続的文書化、ステークホルダーの積極的参加をもたらす。これら手法が個々の技法を詳しく扱うのに対し、DAD、そしてDA全般の焦点は、技法をコンテキストに当てはめて、適切な時に適切な戦略を選択できるようにすることにある。

選択肢があるのは素晴らしいこと：プロセス・ゴール

図3.3のとおり、DADには24のプロセス・ゴール（プロセスの成果とも言える）が含まれている。各ゴールはディシジョン・ポイントの集合として表現される。ディシジョン・ポイントは、チームが取り組む必要があるかどうか、ある場合はどう取り組むか決定しなければならない課題を指す。ディシジョン・ポイントに取り組むためのプラクティスや戦略の候補はリストとして提示される（多くの場合、組み合わせが可能だ）。図3.4に例示したゴール図は、概念的にはマインド・マップに似ている。ただし、矢印が引いてある場合、上から順に選択肢の効果が高いことを示している。ゴール図は、要するに、チームがそのスキル、文化、状況を前提にして今すぐ実行できる最善の戦略を選択するためのガイドである。DADのゴール駆動のアプローチについては第5章で説明する。また、ディシプリンド・アジャイル・ブラウザ［DABrowser］で補足説明を参照できる。

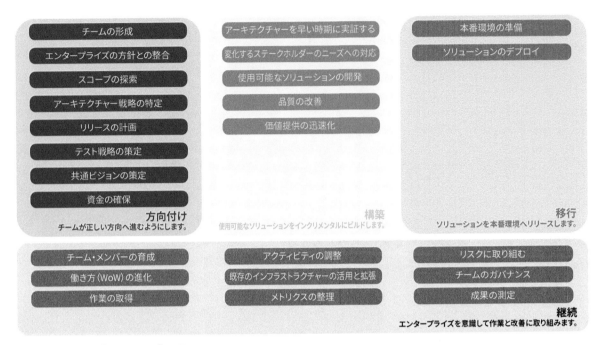

図3.3 DADのプロセス・ゴール

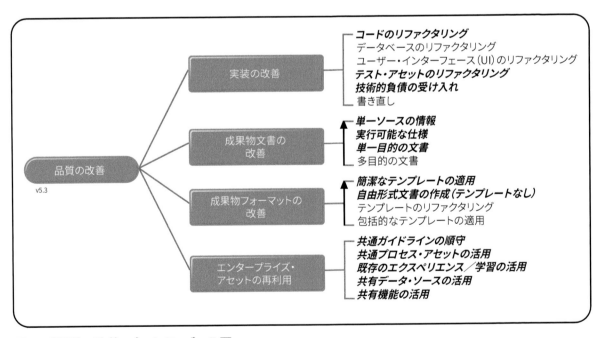

図3.4「品質の改善」プロセス・ゴール図

選択肢があるのは素晴らしいこと：複数のライフサイクルをサポート

ライフサイクルは、チームがソリューションをビルドするために実行するアクティビティに順番を付けるものだ。実際には、作業を完了するために適用する技法がライフサイクルによって整理される。ソリューション・デリバリー・チームはさまざまな状況に置かれるため、直面しているコンテキストに最適なライフサイクルを選択できる必要がある。図3.5に示すとおり、DADは6種のライフサイクルをサポートしている。

1. **アジャイル**　ソリューション・デリバリー・プロジェクト向けのスクラムベースのライフサイクルである。
2. **リーン**　ソリューション・デリバリー・プロジェクト向けのカンバンベースのライフサイクルである。
3. **継続的デリバリー：アジャイル**　長期チーム向けのスクラムベースのライフサイクルである。
4. **継続的デリバリー：リーン**　長期チーム向けのカンバンベースのライフサイクルである。
5. **探索型**　見込み客に対して実験的ソリューションを試行して、顧客が実際に何を求めているのかを発見するためのリーン・スタートアップベースのライフサイクルである。第2章で述べたように、このライフサイクルはデザイン思考のアプローチをサポートしている。
6. **プログラム型**　複数のアジャイルあるいはリーンチームから構成されるチームに適したライフサイクルである。

DADの6種のライフサイクルおよび従来のライフサイクルの詳細と、各ライフサイクルを選択すべき状況についてのアドバイスは、第6章で説明する。

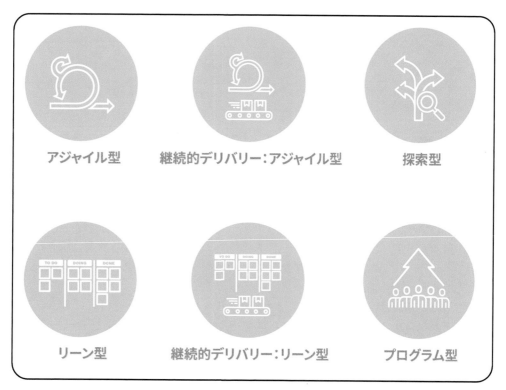

図3.5 DADは6種のライフサイクルをサポート

動くソフトウェアより使用可能なソリューション

アジャイル・マニフェストは、「動くソフトウェア」を基準に進捗を評価することを提案している。しかし、顧客がそれを使いたくなかったらどうなるだろう？あるいは使ってみて気に入らなかったら？デザイン思考の観点から言えば、「動く」だけでは不十分なのは明らかだ。代わりに、次の条件を満たす使用可能なソリューションをデリバリーする必要がある。

- **機能する**　開発するソリューションは、一定の機能を果たし、ステークホルダーが期待する成果を提供するものでなくてはならない。
- **使いやすい**　ソリューションは正常に機能するだけでなく、デザインが練られたユーザー・エクスペリエンス（UX）を備えているべきである。
- **望まれる**　使いたいと思ってもらえるソリューションであることは当然として、欲を言えば、欠かせないソリューションと思ってもらえ、妥当ならお金を払ってもらえるソリューションでありたい。ディシプリンド・アジャイルの第一原則が提言しているように、顧客を満足させるだけでなく、顧客を喜ばせるソリューションであるべきだ。

さらに言えば、開発するのは単なるソフトウェアではない。以下のような改良を加えた本格的なソリューションなのだ。

- **ソフトウェア**　ソフトウェアは、ソリューション全体の重要な一部だが、一部にすぎない。
- **ハードウェア**　ソリューションはハードウェア上で動く。場合によっては、そのハードウェアを進化させるか、改良する必要がある。
- **ビジネス・プロセス**　開発するシステムの利用を取り巻くビジネス・プロセスを改善するケースは少なくない。
- **組織構造**　システムのエンドユーザーの組織構造は、そのシステムがサポートする機能の変化に合わせて進化することもある。
- **補足文書**　技術概要書、ユーザー・マニュアル／ヘルプなどの成果物文書は、しばしばソリューションの重要な側面になる。

DAD用語

表3.1は、DADの頻出用語と他のアプローチの同義語の対応表である。用語については、重要な見解をいくつか提示しておきたい。

1. **アジャイル用語は標準化されていない**　アジャイルにはISOのような業界標準はなく、あったとしても、まず間違いなくアジャイル実務者に無視されるだろう。
2. **スクラム用語はひいき目に見ても疑わしい**　1990年代にスクラムが最初に開発されたとき、開発者たちは、意図的に独特の用語を選択することに決め、一部の用語をラグビーの試合から採用して、これまでとは違う手法であることを示そうとした。それはそれで結構だが、DAがハイブリッドであることを考慮すると、自由気ままな用語に限定するわけにはいかない。
3. **用語は重要である**　用語は明確であるべきだとわたしたちは考えている。たとえば「スクラム・ミーティング」と言ったとき、それは何か、進捗ミーティングではないことを説明する必要がある。「調整ミーティング」と言えば、その意味はかなり明確である。マラソンと聞いて全力疾走する人はいないように。
4. **好みの用語を選んでよい**　いろいろ述べたが、DADは用語を規定するものではないから、スプリント、スクラム・ミーティング、スクラム・マスターのような用語を使っても構わない。
5. **一対一で対応しているとは限らない**　重要なこととして、用語は完全に対応しているわけではない。たとえば、コーチ、スクラム・マスター、プロジェクト・マネジャーの間には違いがあるが、それらの違いは、ここでの論点にとっては重要なものではない。

表3.1：アジャイル・コミュニティの代表的な用語の対応表

DAD	スクラム	Spotify	XP	SAFe®	従来型
アーキテクチャー・オーナー	-	-	コーチ	ソリューション・アーキテクト	ソリューション・アーキテクト
調整ミーティング	デイリー・スタンドアップ	ハドル	-	デイリー・スタンドアップ	進捗ミーティング
ドメイン・エキスパート	-	顧客	顧客	プロダクト・オーナー	当該分野専門家（SME）
イテレーション	スプリント	スプリント	イテレーション	イテレーション	タイムボックス
プロダクト・オーナー	プロダクト・オーナー	プロダクト・オーナー	顧客担当者	プロダクト・オーナー	変更管理委員会（CCB）
ステークホルダー	-	顧客	顧客	顧客	ステークホルダー
チーム	チーム	スクワッド、トライブ	チーム	チーム	チーム
チーム・リーダー	スクラム・マスター	アジャイル・コーチ	コーチ	スクラム・マスター	プロジェクト・マネジャー

コンテキストが肝心：DADはアジャイルを戦術的にスケーリングするための基礎になる

ディシプリンド・アジャイル（DA）は、2種類の「アジリティ@スケール」を区別する。

1. **戦術的アジリティ@スケール**　アジャイル戦略とリーン戦略を個々のDADチームに適用することを指す。その目的は、アジャイルを深く適用することで、あらゆる複雑さ（スケーリング・ファクターと呼ぶ）に適切に対処することである。
2. **戦略的アジリティ@スケール**　アジャイル戦略とリーン戦略を組織全体に広く適用することを指す。ソフトウェア開発チームだけでなく、組織内のすべての部門やチームが対象になる。

アジャイル・ソリューション・デリバリーを戦術的にスケーリングするとはどういう意味か検討してみよう。「スケーリング」と聞くと、多くの人は何らかの形で地理的に分散している大規模チームのことを考えがちだ。これは明らかに起きていることであり、この種の状況でアジャイルを適用することに成功しているのは間違いないが、スケーリングは規模に限定される話ではなく、もっと多くの状況でも必要とされるものだ。組織は、コンプライアンスの状況でもアジャイルを適用している。医療保険の相互運用性と説明責任に関する法令（HIPAA）、個人情報保護および電子文書法（PIPEDA）、一般データ保護規則（GDPR）など、義務として課される規制コンプライアンスの場合もあれば、能力成熟度モデル統合（CMMI）［CMMI］、国際標準化機構（ISO）、情報技術インフラストラクチャー・ライブラリー（ITIL）など、自己選択コンプライアンスの場合もある。また、さまざまなドメインや技術の複雑さにアジャイルを適用している。それは（アウトソーシングのように）複数の組織が関与する場合であったとしても、だ。図3.6は、アジャイル戦略をテーラリングする際に考慮する必要がある戦術的スケーリング・ファクターの候補をまとめたものである。図中のスケーリング・ファクターは、第2章の「状況コンテキスト・フレームワーク（SCF）」［SCF］で述べたファクターのサブセットである。外側の目盛りになるほど、直面するリスクが大きくなる。

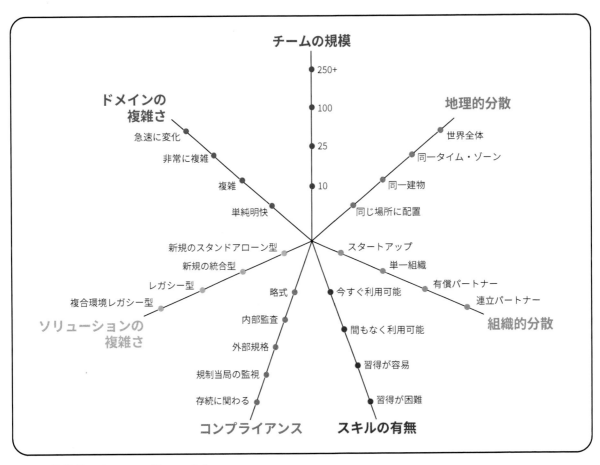

図3.6 戦術的スケーリング・ファクター

DADは次の方法で、アジャイルを戦術的にスケーリングするための強固な基礎になる。

- DADは、リスク・価値駆動型ライフサイクルを推進し、これによりチームは早い段階でリスクの高い作業に取りかかり、リスクの一部または全部を排除することで、結果的に成功の可能性を高めることができる。これを「早く失敗する」と呼ぶ人もいるが、わたしたちは「早く学習する」か、できれば「早く成功する」と呼ばせてもらいたい。
- DADは、効果的なガバナンスで強化された自己組織化を促進する。これは、アジャイル・チームがより大きな組織のエコシステムのスコープと制約条件の中で働くという観察に基づいている。したがって、DADでは、アジャイル チームを導き、有能にする効果的なガバナンス戦略を採用することを推奨する。
- DADは、単なる動くソフトウェアの構築よりも使用可能なソリューションのデリバリーを促進する。
- DADは、チームの意識よりもエンタープライズの意識に価値を置く（第2章で述べたように、これはDAの基本原則）。つまり、チームは組織にとって正しいことを行うべきである。言い換えれば、既存のレガシー　システムとデータソースを活用しながら共通のビジョンに沿って働き、共通のガイドラインに従うということだ。チームにとって都合のよいことや楽しいことを行うだけではいけない。
- DADは、コンテキスト依存のゴール駆動アプローチであって、規範ではない（DAのもう一つの原則「選択肢があるのは素晴らしいこと」）。何にでも当てはまる単一のプロセス・アプローチはない。DADチームは働き方を選択し、進化させる自律性を持っている。

DADから始めれば簡単

どうすれば人、チーム、組織を動かしてDADを開始できるのか、これまで見てきた対策をいくつか紹介しよう。

1. **本書を読む**　個人の出発点としてお勧めの方法は本書を読むことだ。
2. **トレーニングを受ける**　本書を読んだ後でも、知識の総仕上げとしてトレーニングを活用することは効果的だろう。どこかの時点で、できればディシプリンド・アジャイル認定を目指してほしい。
3. **規範的な手法またはフレームワークから始め、少しずつ「手法の監獄」から抜け出す**　スクラムやSAFeなど、まずは既存の手法から始め、そこを出発点にして本書で述べる戦略を適用しながら働き方を進化させていく。それもチームの一つの選択だ。
4. **DADから始める**　最初からDADに取りかかるほうが簡単であり、規範的な手法の制限にはまるのを避けられるだろう。
5. **経験豊富なアジャイル・コーチの指導を受ける**　ディシプリンド・アジャイル・コーチ（DAC）™に依頼して、DAツールキットの使い方を指導してもらうことを強くお勧めする。

組織がディシプリンド・アジャイルを採用するには時間がかかる。組織で全面的にアジャイルの働き方を支持すると決めたなら数年がかりになる可能性もある。このようなアジャイル変革は、組織レベルでは継続的改善の取り組みに発展する。これについては、わたしたちの共著書*An Executive's Guide to Disciplined Agile*[AmblerLines2017]の第7章と第8章で扱っている。

まとめ

ディシプリンド・アジャイル・デリバリー（DAD）は、ソリューション・デリバリー・チームが置かれた千差万別の状況に対応するための実用的アプローチである。DADは、エンタープライズ・アジャイル・チームが直面する課題のうち、アジャイル方法論の多くが触れたがらない課題を明示的に扱う。具体的には、アジャイル・チームの立ち上げを合理的なやり方で成功させる方法、アーキテクチャーをアジャイル型ライフサイクルに適合させる方法、効率的に文書化する方法、エンタープライズ環境で品質問題に対処する方法、ステークホルダーの多様な懸念に対応するためにアジャイル分析技法を適用する方法、アジャイル・チームやリーン・チームのガバナンスの方法など、たくさんの重要な課題を扱う。

本章で学んだことを整理しよう。

- DADはディシプリンド・アジャイル(DA)のデリバリー部分である。
- スクラム、XP、カンバンを使っているなら、すでにDADのサブセットのバリエーションを使っている。
- まずは既存の働き方から始めて、DADを適用しながら徐々に働き方を改善する道もある。リスクのある「ビッグバン」のような変化を起こす必要はない。
- DADでは6種のライフサイクルから選択できる。DADは単一のアプローチを規定するのではなく、働き方の基盤となる堅実な選択肢を提供する。
- DADはエンタープライズの主要な問題に対応し、コンテキスト依存の方法で対応する方法を示す。
- プロセスの厄介な部分はDADに任せればよい。
- DADはアジャイル開発が最初から最後までどう機能するのかを示す。
- DADはメインストリームの手法を戦術的にスケーリングする柔軟な基礎となる。
- DADから始めれば簡単であり、そのための道筋はいくつもある。

第4章

役割、権利、責任

独りでできることは限られているが、皆で一緒にやれば大きなことを成し遂げられる.—ヘレン・ケラー

本章の要点

- DADは主要な役割が5種類あると提案している。すなわち、チーム・リーダー、プロダクト・オーナー、チーム・メンバー、アーキテクチャー・オーナー、ステークホルダーである。
- アーキテクチャー・オーナーはチームの技術リーダーであり、組織のアーキテクチャー上の利害を代弁する。
- DADのステークホルダーの役割は、わたしたちが顧客だけでなく、全ステークホルダーを喜ばせる必要があると認識している。
- さまざまな状況で、チームは必要に応じて適宜、補助的な役割の人々の助けを借りることになる。すなわち、スペシャリスト、ドメイン・エキスパート、テクニカル・エキスパート、独立テスター、インテグレーターである。
- 他のすべての要素と同様に、DADの役割はあくまで出発点の案として提示されている。自分の組織に合わせて役割をテーラリングする正当な理由がある場合もある。

本章では、ディシプリンド・アジャイル・デリバリー（DAD）チームに関与する人々の想定される権利と責任、及び引き受けるであろう役割について説明する[DADRoles]。なぜ「想定される」や「〜であろう」といった、断定を避ける表現を使っているかというと、ここで述べるアイデアを自分の組織文化の環境に合わせてテーラリングする必要があると気づくこともあるからだ。ただし、経験から言えるのは、これから述べるアドバイスから離れるほど、負うリスクが大きくなる。いつもながら、直面している状況で可能な限りベストを尽くし、少しずつ改善に努めてほしい。さっそく一般的な権利と責任から始めよう。

権利と責任

アジャイル化を実現するには、組織内の文化を変える必要がある。すべての文化には、誰もが自分たちに期待される行動を理解できるように、明示的にも暗黙的にもルールが存在する。期待される行動を定義する方法の一つは、人々が持つ権利と責任を取り決めることだ。興味深いことに、このトピックに関する多くの非常に優れた考察は、エクストリーム・プログラミング（XP）で行われた。わたしたちは、そのアイデアをディシプリンド・アジャイル（DA）の[RightsResponsibilities]向けに発展させたのである。想定される権利と責任をまとめた次のリストは、チームの出発点となりうるだろう。

アジャイル・チームのメンバーには次の権利がある。

- 敬意をもって扱われる。
- 「安全な環境」で働く。
- 合意した基準に基づく質の高い仕事を生み出し、受け取る。
- 働き方を選び、進化させる。

- 自己組織化し、作業を計画して、取り組むタスクをサインアップする。
- 見積りプロセスを自分達で所有する。作業をする人が、その作業を見積もる。
- チームが協働する方法を決定する。作業をする人が、その作業を計画する。
- 誠意ある情報と決定をタイムリーに受け取る。

『スパイダーマン』のベンおじさんいわく、「大いなる力には大いなる責任が伴う」。同様に、大いなる権利には大いなる責任が伴う。アジャイル・チームのメンバーには次の責任がある。

- 働き方を最適化する。
- 自発的にチーム内で広くコラボレーションする。
- 「仕掛かり作業」を含め、すべての情報を共有する。
- スキルや経験について他者にコーチングする。
- 自身の専門性に囚われず、知識やスキルを広げる。
- 他者と協力して、できるだけ早く作業の妥当性確認を行う。
- 対面で、または同じ場所にいない場合は別の手段で調整ミーティングに出席する。
- チームのパフォーマンスを改善する方法を積極的に探す。
- アジャイル型ライフサイクル（第6章参照）に従うチームの場合は、チームの同意なしに現在のイテレーションのスコープから外れた作業を受けるのを避ける。
- すべての作業を常に見える化して（タスク・ボードを使うのが一般的）、チームの現在の作業とキャパシティを明らかにする。

想定される役割

DADでは、「すぐに適用すべき」役割として五つの主要な役割を提供している。そのうち三つはスクラムの役割と類似している。図4.1に示すとおり、DADにはチーム・リーダー（シニア・スクラム・マスター、プロジェクト・マネジャーなど）、プロダクト・オーナー、チーム・メンバーの役割がある。DADでは、ここにステークホルダー（広い意味の顧客）、そしてわたしたちの経験上、エンタープライズ環境きわめて意義のある役割、アーキテクチャー・オーナーを加える。理想的には、「チーム全体」で作業の完了に必要な全てのスキルが揃っていることが望ましい。しかし、一筋縄ではいかない状況では、理想的ではないが、チーム外にスキルを求めるのは普通のことだ。したがって、DADでは、必要に応じてチームに参加する補助的な役割も含める。

まず、主要な役割から詳しく見てみよう。

ステークホルダー

ステークホルダーは、ソリューションの結果によって実質的な影響を受ける人物である。この意味では、ステークホルダーは明らかにエンドユーザーや顧客に留まらない、より広い範囲を指す。ステークホルダーになる可能性がある人たちを挙げてみよう。

- 直接的なユーザー
- 間接的なユーザー
- ユーザーのマネジャー
- シニア・リーダー
- 運用スタッフ
- チームに出資する「ゴールド・オーナー」
- サポート（ヘルプデスク）のスタッフ
- 監査人

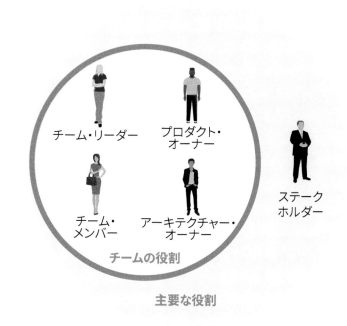

図4.1 DADの想定される役割

- プログラム／ポートフォリオ・マネジャー
- 自分たちのソリューションと統合または連携する別のソリューションの開発者
- ソフトウェアベースのソリューションの開発やデプロイに影響される可能性があるメンテナンスのプロ
- ほか多数の役割

プロダクト・オーナー

プロダクト・オーナー（PO）は、チームで「ステークホルダーの声」［ScrumGuide］を代弁する人物である。図4.2に示すとおり、プロダクト・オーナーは、アジャイル・デリバリー・チームに対するステークホルダー・コミュニティのニーズと要望の代理人を務める。したがって、プロダクト・オーナーはステークホルダーのソリューションに対する要望や要求を明確にし、またチームがソリューションをデリバリーするために行う作業に優先順位を付ける責任も担う。どんな質問にも答えることができるとは限らないが、タイムリーに答えを見つけ出して、チームが自分たちのタスクに集中できるようにする責任はプロダクト・オーナーにある。

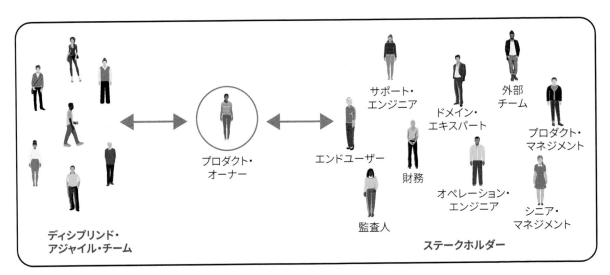

図4.2 チームとステークホルダーの橋渡しをするプロダクト・オーナー

DADチームごとに、あるいは複数チームからなるチームとして編成された大規模なプログラムならばサブチームごとに、プロダクト・オーナーが一人いる。プロダクト・オーナーの第二のゴールは、アジャイル・チームの仕事をステークホルダー・コミュニティに提示することだ。たとえば、ソリューションの進展を見せるデモの手配、主要なステークホルダーにチームのステータスを伝達することなどがこれに当たる。

ステークホルダーの代理人として、プロダクト・オーナーは、

- ドメインの情報が必要なときに「頼りになる」人物である。
- タイムリーに情報を提供し、決定を下す。
- 要求（おそらくユーザー・ストーリーとして表現される）、修正すべき欠陥、減らすべき技術的負債など（ただしこれらに限定されない）、チームのあらゆる作業に優先順位を付ける（プロダクト・オーナーは優先順位付けの際にステークホルダーとチーム両方のニーズを考慮する）。
- 変化するステークホルダーのニーズに応じて継続的に優先順位を見直し、スコープを調整する。
- モデリングと受け入れテストに積極的に参加する。
- チームが専門的な立場のステークホルダーに接触できるようにする。
- チームの作業を完了または未完了として受け入れる。
- 要求の構想、先行モデリングなど、要求モデリング・セッションのファシリテーターを務める。
- 担当のビジネス・ドメインについてチームを教育する。
- 資金調達の窓口を務める。

ステークホルダー・コミュニティに対するアジャイル・チームの代理人として、プロダクト・オーナーは、

- ステークホルダーに対してチームを代表する対外的な顔である。
- 主要なステークホルダーにソリューションのデモを行う。チーム・メンバーにデモの実施についてコーチングすることもある。
- リリースを発表する。
- チームのステータスを監視し、関与するステークホルダーに伝達する。チームの自動ダッシュボードにアクセスする方法、その見方についてステークホルダーを教育することもある。

- マイルストーン・レビューをまとめる。このレビューはできるだけシンプルであることが望ましい（プロセス・ゴール「チームのガバナンス」に含まれる）。
- デリバリー・チームの働き方についてステークホルダーを教育する。
- 優先順位、スコープ、資金調達、スケジュールについて交渉する。

プロダクト・オーナーはフルタイム（専業）の仕事になる傾向があり、複雑なドメインならば広範な支援が必要なこともあると知っておくことが重要だ。アジャイルを始めたばかりの組織でよく見かける課題は、この役割をパートタイム（兼業）で誰かに割り当てようとすることだ。要するに、すでに多忙な人にプロダクト・オーナーの役割まで背負わせてしまうことになる。

チーム・メンバー

チーム・メンバーは、ステークホルダーのためにソリューション開発に専念する。チーム・メンバーは、必要に応じて、テスト、分析、アーキテクチャー、設計、プログラミング、計画、見積りなどの多くのアクティビティを実行する。少なくとも現時点では、すべてのチーム・メンバーがこうしたスキルをすべて持っているわけではないが、一部のスキルは持っており、少しずつスキルを増やそうと努力することに注目してほしい。チーム・メンバーが総合的スペシャリストであれば理想的だ。総合的スペシャリストとは、一つ以上の専門分野（分析、プログラミング、テストなど）、デリバリー・プロセスの一般知識、少なくとも担当ドメインの一般知識を持ち、他者から新しいスキルや知識を学ぼうという意欲のある人物である [GenSpec]。図4.3は、スペシャリスト（一つの専門分野に専念）、ゼネラリスト（幅広い知識を持ち、通常は他者をまとめて調整するのが得意だが、作業に必要な詳細なスキルは持たない）、エキスパート（多くの専門分野の深い知識とスキルを持つ）、総合的スペシャリスト（ゼネラリストとスペシャリストの中間）のスキル・レベルを比較したものである。

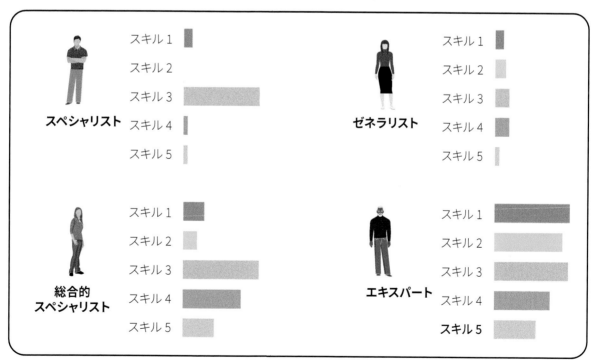

図4.3 チーム・メンバーのスキル・レベル

現実には、特にアジャイル初心者に対しては、最初から総合的スペシャリストであることを求めるのは酷かもしれない。ゼネラリストがスペシャリストのチームを管理するという従来のアプローチとは大きく異なるからだ。従来のアプローチでは、スペシャリストたちが担当の作業をして、後工程の次のスペシャリスト・グループに向けて何らかのものを生み出す。このアプローチの問題は、そのためのオーバーヘッドが必要なことである。作業を進めるには文書を作成して管理する必要があり、往々にして文書にはプロセスの前工程ですでに文書化されている情報の新しいバージョンが含まれる。要するに、スペシャリストは、中間作成物の作成、作成物のレビュー、レビューするための待ち時間により、プロセスに多くのムダを生み出している。一方、総合的スペシャリストは、スペシャリストより広範なスキルがあるため、他者とのコラボレーションに長けており、より幅広い作業をこなすことができる。その結果、中間作成物を作成しなくて済む。彼らは身を粉にして働くのではなく、スマートに働いているのだ。

難しいのは、アジャイルを始めたばかりの場合、ゼネラリストまたはスペシャリストはいても、総合的スペシャリストはごくわずかというケースが多いことだ。ということは、スペシャリストまたはゼネラリストのメンバーでチームをまとめることになる。そこからチームの生産性を上げていくには、ペア・プログラミング、モブ・プログラミング、他者とのモデリングなど、ノンソロ開発の技法でチーム・メンバーを総合的スペシャリストに育成する必要がある（プロセス・ゴール「チーム・メンバーの育成」に含まれる）。こうすることで、スペシャリストは数か月かけて幅広いスキルを習得し、結果的に有能な総合的スペシャリストになるだろう。

前述した一般的な権利と責任に加えて、チーム・メンバーは以下の責任も持つ。

- **自己組織化する**　チーム・メンバーは、タスクの特定、見積もり、サインアップ、遂行、完了までの進捗追跡を行う。
- **プロダクト・オーナー（PO）にドメイン情報と決定を求める**　チーム・メンバーはプロダクト・オーナーにインプットを提供するが、最終的に要求を提示して作業に優先順位を付ける責任は、チーム・メンバーではなくプロダクト・オーナーが負う。チーム・メンバー側は、これを尊重し、新規フィーチャーを追加しないようにする（「スコープ・クリープ」と呼ばれる事態を避ける）、あるいは詳細を推測するための厳しい規律が必要になる。
- **アーキテクチャー・オーナー（AO）と協力してアーキテクチャーを発展させる**　アーキテクチャー・オーナーはアーキテクチャーと設計の作業でチームを導く責任がある。チーム・メンバーはアーキテクチャー・オーナーと密接に協力しながら、アーキテクチャー戦略を特定して発展させる。チームが方向性に合意できないときは、アーキテクチャー・オーナーが決着者となって最善と思われる選択肢を選ぶこともあり、チーム・メンバーはそれを支持することが求められる。詳しくは後述する。
- **エンタープライズの慣例に従い、既存のインフラストラクチャーを活用および拡張する**　DAの原則の一つは（第2章参照）、「エンタープライズの意識」である。これを踏まえると、DADチームのメンバーは、エンタープライズや会社のコーディング標準、ユーザー・インターフェース設計の慣例、データベース・ガイドラインなどを必要に応じてテーラリングするための規律を採用し、これを守ることになる。また、共通のウェブサービスやフレームワークなどの再利用可能な既存アセットがあれば、その再利用と拡張を試みるのが望ましい。そう、既存のレガシー・データ・ソースであっても、まずはそうするべきだ。DADのプロセスゴールの一つである「既存のインフラストラクチャーの活用と拡張」は、特にこの戦略に着目したものである。
- **ミーティングをリードする**　他のアジャイル手法では、この責任をチーム・リーダーに割り当てるが、実際にはチームの誰でもミーティングをリードしたり、ファシリテーター役を務めたりしてよい。チーム・リーダーにはそれを確実に実行する責任があるにすぎない。

チーム・リーダーをスクラム・マスターと呼ばないのはなぜか？

DAは複数のライフサイクル・アプローチをサポートしているので、組織内のすべてのチームがスクラムを採用するとは限らない。シニア・スクラム・マスターが率いるアジャイル・チーム、プロジェクト・マネジャーが率いるプロジェクト・チーム、テクニカル・リーダーが率いるリーン・ソフトウェア・チーム、セールス・マネジャーが率いるセールス・チームもある。チームの種類が違えば、チーム・リーダーの種類も違ってくる。

チーム・リーダー

自己組織化チームの重要な側面は、チーム・リーダーが自ら技術面のマネジメント・アクティビティの責任を負うのではなく、ファシリテーター役やガイド役としてチームがそれらのアクティビティを遂行できるようにすることだ。チーム・リーダーは、チームのサーバント・リーダーか、むしろホスト・リーダーであり[Host]、チームが成功できる条件を整え、維持していく。果たすのが難しい役割とも言えるだろう。なぜならその姿勢が、チームの成否を左右するのだから。通常、チーム・リーダーは肩書きではなく役割だ。チームの種類によって、チーム・リーダーの肩書は、アジャイル・プロダクト・チームのシニア・スクラム・マスター、単純なスクラム・チームのスクラム・マスター、アジャイル・プロジェクト・チームのプロジェクト・マネジャー、マーケティング・チームのマーケティング・ディレクター、エンタープライズ・アーキテクチャー・チームのチーフ・エンタープライズ・アーキテクトなど、さまざまである。チームの種類が違えば、チーム・リーダーの種類も違うし、おそらく役職名も違うはずだ。

ハイパフォーマンス・チームでは、チーム・リーダーの役割はチーム内でローテーションすることもよくある。このようなチームでは、リーダーシップが共有されており、セレモニー・ファシリテーションの負担（および単調さ）も数名に分散される。

チーム・リーダーはアジャイル・コーチでもある。あるいは、「ジュニア・アジャイル・コーチ」と言ったほうが正確かもしれない。なぜなら、ディシプリンド・アジャイル・コーチ（DAC）™は一般的に複数のチーム（多くの場合は異種チーム）と連携するのに対し、チーム・リーダーは自分のチームのコーチングに専念するからだ。コーチとしてのチーム・リーダーは、チームがワーク・アイテムのデリバリーと、イテレーションのゴールやプロダクト・オーナーに対するコミットメントの達成に集中できるよう支援する。チーム・リーダーは真のリーダーとして行動する。つまりコミュニケーションを円滑にし、メンバーに働き方を選択する権限を与え、チームが必要とする資源を確保し、チームの阻害要因をタイムリーに取り除く（課題解決）。チームが自己組織化に向かっているとき、効果的なリーダーシップはチームの成功にとって不可欠だ。

チーム・リーダーがチームの働き方をリーダーの所有物のように扱ったり、指図したりするのではなく、「コーチング」すると述べたことに注目してほしい。DAでは、チーム・リーダーシップだけでなく、ましてやチーム外部の誰かでもなく、チーム全体がチームの働き方に責任を負う。

チーム・リーダーのリーダーシップの責任は、次のように要約できる。

* チームが働き方を選び、進化させていけるよう導く。
* すべての役割と職務をつなぐ緊密なコラボレーションを促す。
* チームが最大限に機能し生産的であるように努める。
* チームのビジョンとゴールというコンテキストの枠内でチームの集中力を維持する。
* チームにある阻害要因を取り除き、組織全体の阻害要因をエスカレーションする責任があり、そのために組織のリーダーシップとコラボレーションする。

- チームを割り込みや外部の干渉から守る。
- 関係者全員の間でオープンで正直なコミュニケーションを保つ。
- アジャイル・プラクティスの活用や応用について他者をコーチングする。
- 課題が見つかったら、チームでそれを話し合い、じっくり考えるように促す。
- 意思決定を促すが、自ら意思決定をしたり、チーム内のアクティビティを命じたりはしない。
- チームの焦点が使用可能なソリューションの開発からずれないように努める。

率いるチームがプロジェクト・チームや機能別チーム（マーケティング・チームなど）なら、チーム・リーダーはアジャイルのフレームワークではあまり重視されないマネジメントの責任を担うように依頼されるかもしれない。任意ではあるがチーム・リーダーが果たすことを要請されそうな責任、それに伴う課題をいくつか挙げてみよう。

- **チーム・メンバーを評価する**　人の評価やフィードバックの提供については、プロセス・ゴール「チーム・メンバーの育成」にまとめてある戦略を適用できる。評価やフィードバックは資源マネジャーの責任であることが多いが、その役割の人がいないこともある。チーム・リーダーに同僚であるチーム・メンバーを評価する責任がある場合、そのリーダーは自分がリードしたり、コラボレーションしたりするはずの人々より上位の権限がある立場に置かれる。そうなってしまうと、チーム・メンバー対チーム・リーダーの力関係がかなり変化する可能性がある。チーム・リーダーと一緒に仕事をするときに、自分の仕事ぶりが評価にどう影響するかわからないのだからメンバーの心理的安全性も低下しかねない。
- **チームの予算を管理する**　通常はプロダクト・オーナーが資金調達の窓口を務めるが、場合によっては資金の支出を追跡し、報告する人が必要になる。プロダクト・オーナーがこれを担わない場合、一般的にはチーム・リーダーがその責任者になる。
- **マネジメントへの報告**　チームの誰か（おそらくリーダー自身）がチームの適切なメトリクスを集め、チームの進捗を組織のリーダーシップに報告する。この種の報告はダッシュボード技術で自動化されることが望ましいが、そうでなければ、チーム・リーダーが必要なレポートを手動で生成する責任を負うことはよくある。メトリクスの詳細は、プロセス・ゴール「メトリクスの整理」と「成果の測定」で扱っている。
- **資源を確保する**　チーム調整用のタスク・ボード、モデリング用のホワイトボードなど、コラボレーション・ツールをチームが利用できるようにする責任をチーム・リーダーが負うことはよくある。
- **ミーティングのファシリテーション**　チームの誰か（時にはリーダー自身）が、さまざまなミーティング（調整ミーティング、イテレーション計画ミーティング、デモ、モデリング・セッション、レトロスペクティブ［振り返り］）のファシリテーションをする。

チーム・リーダーの役割は、特に小規模なチームでは、パートタイム（兼務）の仕事になりがちだ。つまり、チーム・リーダーはチーム・メンバーにもなれるスキルを持っているか、場合によってはアーキテクチャー・オーナーにもなれるスキルを持っていなければならない（詳細は後述）。しかし、アジャイルを始めたばかりのチームでは、チーム・リーダーのコーチとしての側面がアジャイル採用の成功に不可欠だ。これは、アジャイルを始めたばかりの組織が概念面で苦労しがちな点だ。それまではスタッフの成長に同様の投資をする必要に迫られなかったからだ。

もう一つの方法は、誰かを2〜3チームのチーム・リーダーにすることだ。ただし、そうするには、調整ミーティング、デモ、レトロスペクティブ（振り返り）などのセレモニーを各チームでずらしてチーム・リーダーが参加できるようにする必要がある。アジャイルの思考と技法の経験を積んだチームなら、それほどコーチングを必要としないので、この方法でもうまくいくだろう。さらに、チームが団結し、自己組織化が進むにつれて、誰かがチーム・リーダーの

役割をする必要もなくなっていく。そうなったら、チーム・リーダーの責任が必要なときだけ誰かがリーダー役をすれば十分ではないだろうか。

アーキテクチャー・オーナー

アーキテクチャー・オーナー (AO) は、チームがアーキテクチャーと設計を決定できるように導き、全体的なソリューション設計の特定と発展を促す人物である [AgileModeling]。小規模なチームでは、チーム・リーダーがアーキテクチャー・オーナーのスキルも備えていると考え、アーキテクチャー・オーナーの役割を兼務することも多い。ただし、経験から言えるのは、どちらか一方の役割を果たす資質のある人を見つけるだけでも十分に難しい。まして両方となれば言うまでもない。

通常、アーキテクチャー・オーナーはチームのシニア開発者だ。技術アーキテクト、ソフトウェア・アーキテクト、ソリューション・アーキテクトと呼ばれることもある。注意点として、この役割は他のチーム・メンバーにとって上司に当たる階層的なポジションではない。他のチーム・メンバーとまったく同様に、タスクをサインアップして関連作業をデリバリーすることが求められる。アーキテクチャー・オーナーは、技術系の経歴を持ち、ビジネス・ドメインについてしっかりと理解している必要がある。

アーキテクチャー・オーナーの責任を挙げてみよう。

- チームが取り組んでいるソリューションのアーキテクチャーの構築と発展を導く(アーキテクチャー・オーナーだけがアーキテクチャーの責任を負うのではなく、アーキテクチャーや設計のディスカッションを主導することに留意してほしい)。
- アーキテクチャー上のプラクティスや課題に関して、他のチーム・メンバーのメンターやコーチとしての役割を果たす。
- 組織のアーキテクチャーの方向性と標準について理解し、チームがそれを確実に守ることができるよう支援する。
- エンタープライズ・アーキテクト(存在する場合)と緊密に連携する。あるいは、自らがエンタープライズ・アーキテクトを務める(エンタープライズ・アーキテクトが積極的にチームに関与していない大規模な組織では、これは興味深い変化になるだろう。小規模な組織にとってはごく普通のことだ)。
- プロダクト・オーナーと緊密に連携し、技術サイドのステークホルダーのニーズ、技術的負債の影響、技術的負債を減らすことに投資する必要性についてプロダクト・オーナーの理解を促す。場合によっては、チーム・メンバーを理解し、もっと効果的にメンバーとやり取りできるように働きかける。
- フレームワーク、パターン、サブシステムなど、既存のエンタープライズ・アセットを理解し、そのアセットをチームが必要に応じて利用できるようにする。
- 適切な設計とリファクタリングを推進して技術的負債を最小限にすることに努め、ソリューションをサポートしやすいものにする(DADのプロセス・ゴール「品質の改善」の焦点)。
- ソリューションのインテグレーションとテストが定期的に実施されるようにする。継続的インテグレーション(CI)戦略を行うのが理想的。
- 技術的な決定に関して最終決定権を持つが、チームベースのコラボレーション型アプローチを優先してアーキテクチャーの方向性を指示することは避けるようにする(アーキテクチャー・オーナーはチームと緊密に連携し、技術上の重要なリスクを緩和するための戦略を見きわめて決定すべきである。これはDADのプロセス・ゴール「アーキテクチャーを早い時期に実証する」で扱う)。
- リリース開始時に初期のアーキテクチャー構想の取り組みを主導し、初期の要求構想の取り組みをサポートする(特にソリューションの非機能要求 [NFR] を理解し、発展させることに関して)。

想定される補助的な役割

前述の5種類の主要な役割さえあれば成功すると言いたいところだが、現実には主要な役割だけでは全ての範囲をカバーできない。つまり、必要な専門技能がチームにすべて揃うことはあまり望めない。プロダクト・オーナーは、ドメインのあらゆる面で専門知識を持つことはおそらくできないだろう。たとえ組織にソリューション・デリバリーのあらゆる面に対応できるエキスパートがいるとしても、全チームに必要な専門技能がすべて揃うように人員を配置することはおそらく無理だろう。したがって、必要に応じて次の役割の一部またはすべてをチームに追加する必要がある。

1. **ドメイン・エキスパート（当該分野専門家）**　プロダクト・オーナーは、エンドユーザーだけでなく、幅広いステークホルダーを代表している。よって、プロダクト・オーナーにドメインの細かいニュアンスまでわかるエキスパートになることを期待するのは妥当ではない。複雑なドメインでは特にこれが当てはまる。プロダクト・オーナーは、チームの協力者としてドメイン・エキスパートを連れてくることがある（たとえば、税務のエキスパートから要求の詳細について説明を受ける、スポンサー側のエグゼクティブからビジョンの説明を受ける）。

2. **スペシャリスト**　ほとんどのアジャイル・チーム・メンバーは総合的スペシャリストだが、規模が大きい場合などには、スペシャリストが必要になる。たとえば、大規模チームや複雑なドメインでは、一人以上のアジャイル・ビジネス・アナリストがチームに加わり、ビルドするソリューションの要求を調べる手助けをすることがある。非常に大規模なチームでは、さまざまなスクワッドやサブチームでのチーム・リーダー間の調整をするためにプログラム・マネジャーが必要になることもある。チームにまだ総合的スペシャリストがいないときも、スペシャリストは存在する。組織がアジャイルを始めたばかりの頃は、まだ総合的スペシャリストに移行していないスペシャリストがチームに配属されることがあるからだ。

3. **テクニカル・エキスパート**　チームにテクニカル・エキスパートの支援が必要なこともある。たとえば、ビルド・スクリプトを設定するビルド・マスター、データベースの設計とテストを支援するアジャイル・データベース管理者、安全なソリューションを書くアドバイスを提供するセキュリティ・エキスパートなどである。テクニカル・エキスパートは必要に応じて一時的にチームに加わり、チームが困難な問題を克服できるよう支援し、チームの一人以上の開発者にスキルを伝授する。テクニカル・エキスパートは、普段はエンタープライズレベルの技術的な問題に責任を負う他チームで仕事をしている事が多い。あるいは、単に他のデリバリー・チームから派遣されたスペシャリストであることもある。

4. **独立テスター**　テストの大部分は、DADチームのメンバー自身が行うが、並行してライフサイクル全体の作業を検証する独立テスト・チームの支援を受けるチームもある。一般的に、この独立テスト・チームは、複雑なドメイン内でのスケーリング状況や、複雑な技術を利用する場合、規制コンプライアンスの課題に対応する場合に必要とされる。

5. **インテグレーター**　サブチームやスクワッドからなるチーム編成の大規模なDADチームの場合、サブチームは一般に一つ以上のサブシステムまたはフィーチャーに責任を負う。総じて、チーム全体の規模が大きいほど、ビルドされるソリューションも大きく、複雑になる。このような状況では、チーム全体に、さまざまなサブシステムからソリューション全体をビルドする責任を負うインテグレーターの役割が一人以上必要になることがある。小規模チームや単純な状況では、一般にアーキテクチャー・オーナーがインテグレーションの責任者となる。もっと複雑な環境では、インテグレーターがこの責任を引き受ける。インテグレーターは、独立テスト・チーム（存在する場合）と緊密に連携して、リリース全体を通してシステム統合テストを定期的に実行することが多い。このインテグレーターの役割が大規模に必要なのは、一般に複雑な技術的ソリューションに限られる。

アジャイルを始めたばかりの組織にとって興味深いことは、アジャイル・チームのほうが従来のチームよりもライフサイクルの早い段階でこうした補助的な役割の人々を必要とする場合があるということだ。しかも、アジャイルの進化型の性質により、支援が必要になるタイミングは従来の開発よりも少々予測がつき難いことが多い。補助的な役割の人には柔軟性が必要というのがわたしたちの見方だ。

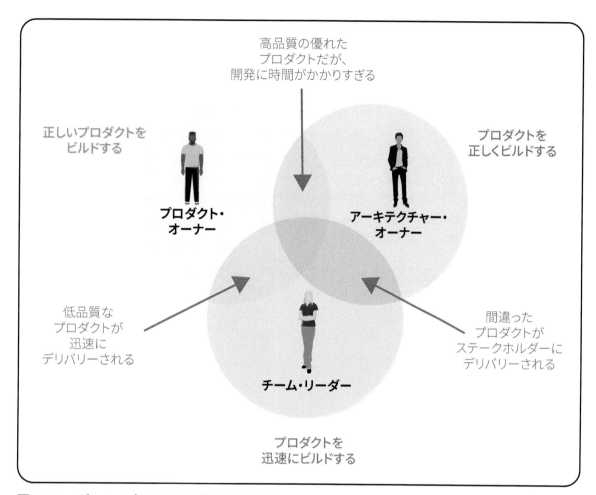

図4.4 リーダーシップの三つの役割の立ち位置

リーダーシップの三つの役割

チーム・リーダー、プロダクト・オーナー、アーキテクチャー・オーナーをチームのリーダーシップ「三羽烏」とよく呼んでいる。図4.4に示すとおり、プロダクト・オーナーは正しいプロダクトをビルドすることに注力し、アーキテクチャー・オーナーはプロダクトを正しくビルドすることに注力し、チーム・リーダーはプロダクトを迅速にビルドすることに注力する。この三つの優先事項はすべて、それぞれの役割を担う人々の緊密なコラボレーションでバランスをとらなければならない。図4.4は、この優先事項のいずれかが無視された場合にどうなるかも示している。チームがアジャイルを始めたばかりであれば、最初は中心の三重部分がかなり小さいかもしれないが、この三つのリーダーシップの役割を担う人々によって、そしてもっと重要なチーム全体そのものによって中心部分は少しずつ大きくなっていく。

スクラムの役割はそもそも必要なのか？

スクラムが生まれた1990年代は、別世界だった。かつてわたしたちはサイロ化された専門分野で働き、文書からソフトウェアをビルドしていた。いつ・どのようにコラボレーションするかをよく知らなかったから、スクラム・マスターがチーム・メンバーを強制的に集め、チームのゴールを掲げてメンバーを統一する必要があった。昨今、若い開発者の多くはサイロ化された環境で働いたことが一度もない。彼らは、チーム内で指定された役割などなくても、うまくコラボレーションできている。同様に、チームとそれ以外のステークホルダーとの間に正式なプロダクト・オ

ーナーが必要なのはなぜだろう?この分離の程度は、ミスコミュニケーションの可能性を高め、チームがビルドしているソリューションの受け手である人々への共感をチームが育む機会を制限する。スクラムの初期の頃は、ステークホルダーと接触することが難しかったため、「必須の」プロダクト・オーナーが生まれた。最近では、すべてのステークホルダーに直接接触し、できればステークホルダーにも積極的に参加してもらうプラクティスが広く受け入れられている。

ディシプリンド・アジャイルでは、「コンテキストが肝心」と「選択肢があるのは素晴らしいこと」をチームに常に思い出してもらう必要がある。DAの他の要素と同様に、わたしたちが説明する役割は「優れたアイデア」ではあるが、納得できる人も、そうでない人もいるだろう。プロセス・ゴール「チームの形成」で、自分のチームにとって必要な役割を検討することをお勧めする。アジャイル初心者で、変化に対する組織の抵抗がほとんどなければ、おそらく典型的なDADの役割を採用したいと思うだろう。アジャイルの習熟度や能力がもっと高い場合、あるいは新しい役割を採用することで大きな混乱が生じる場合は、必要に応じて役割を改変して構わない。

DADチームの役割を組織に合わせてテーラリングする

前述のとおり、チーム形成は今いる人たちから始まる。多くの組織で、一部の役割に人員を配置できないことやDADの役割の一部が既存の文化にフィットしないということが起こる。その結果、置かれた状況を反映するように役割をテーラリングする必要があると気づく。しかし、DADの役割は実地で非常にうまく機能することがわかっているが故に、役割のテーラリングは一旦始めると坂道を転がるように止めることが難しく、チームが直面するリスクを意に反して高めることにもなりかねない。表4.1に、主要な役割をテーラリングする際の選択肢と、それに伴うリスクを整理してある。

DADと従来の役割

アジャイル純粋主義者の多くは、プロジェクト・マネジャー、ビジネス・アナリスト(BA)、資源マネジャー、その他さまざまな従来の役割がアジャイルで消え去ると主張するだろう。長期的に見ればそうなる*かもしれないが*、短期的には現実を無視した主張だ。アジャイル変革の開始時に従来の役割をなくすのは革命に近い。往々にしてアジャイル採用に対する抵抗と、アジャイルの弱体化という結果を招く。わたしたちは、もっと進化型で破壊的ではない、人とそのキャリアの希望を尊重するアプローチを選びたい。アジャイルは多様な働き方を必要とするが、従来の専門分野のスキルと厳密さは依然としてきわめて価値がある。プロジェクト・マネジャーはリスク・マネジメント、見積り戦略、リリース計画を理解している。従来のトレーニングを受けた、あるいは認定を取得したビジネス・アナリストは、モデリング・オプションの豊富なツールキットを提供してくれる(その多くは、プロセス・ゴール「スコープの探索」に記載されている)。プロジェクト・マネジャーやビジネス・アナリストは必要ないと言うことは、近視眼的かつ甘い考えであり、専門職に対する敬意を欠いている。

そうは言っても、DADの主要な役割は実地できわめて有効だ。わたしたちが組織と一緒に働き方を改善するときは、できるだけ多くの人が既存の従来の役割からDADの役割に移行できるように支援する。そのほうが現場でやりがいがあるという声をもらうことが多い。図4.5は、従来の役割の移行先として一般的な選択肢を表している。この図はあくまで一般化した例を示したものであり、人は自分の好みや願望に基づいて自分自身のキャリア・パスを選ぶと認識することが重要だ。アジャイルでは誰にでもキャリアの選択肢がある。大事なのは、新しい働き方を学び、新しい役割に移行する意思があれば、誰もがアジャイル組織で自分の居場所を見つけられると理解することだ。

表4.1 主要な役割のテーラリングで想定される選択肢

役割	テーラリングの選択肢とリスク
アーキテクチャー・オーナー	• **アプリケーション／ソリューション・アーキテクト**　従来のアーキテクトはアーキテクチャー・オーナーほどコラボレーション型の働き方ではない。よってビジョンがチームに誤解されたり、無視されたりするリスクがある。 • **アーキテクチャー・オーナーなし**　アーキテクチャー・オーナーの役割の人物がいないと、チームは積極的にコラボレーションして自分たちでアーキテクチャー戦略を特定しなければならない。よって、アーキテクチャーの問題を見逃し、ライフサイクルの後半で手直しが増えるという代償を払う傾向がある。
プロダクト・オーナー	• **ビジネス・アナリスト**　通常、ビジネス・アナリストはプロダクト・オーナーにある意思決定権を持たない。よって、チームが何かを即決する必要があるときにボトルネックになる。また、ビジネス・アナリストはチーム・メンバーとの直接的なコラボレーションよりも要求事項文書の作成を好む傾向がある。 • **ステークホルダーの積極的参加**　チーム・メンバーが直接ステークホルダーと関わって相手のニーズを理解し、作業のフィードバックを得る。一貫性のあるビジョンを特定し、それに従って働く方法がチームに必要になる。このような方法がない場合、チームの方向性がばらばらになるリスクがある。
ステークホルダー	• **ペルソナ**　常にステークホルダーはいるが、ステークホルダーと接触できない、より正確に言えば、あらゆる種類のステークホルダーと接触できないことがある。ペルソナとは、ステークホルダーの属性を表す架空の人物像である。ペルソナを設定すれば、チームはこの架空の人々の観点から話し合い、この人々がソリューションをどのように使用するのか探求できる。
チーム・リーダー	• **スクラム・マスター**　チームにスクラム・マスターがいる場合の結果はまちまちだった。主な理由は、認定スクラム・マスター®(CSM)の取得にはほとんど労力がかからないからだ。それを踏まえ、CSMだけでなく、資格のあるシニア・スクラム・マスターをこの役割に置くことを提案する。 • **プロジェクト・マネジャー**　作業を人に割り当てて監視することで、プロジェクト・マネジャーはチームが自己組織化の恩恵を受けることを否定することになり、またチームの心理的安全性を低下させる可能性がかなり高くなる。とはいえ、大部分のプロジェクト・マネジャーがリーダーシップ・アプローチを支持し、指揮統制型の戦略をやめようとしているし、やめることが可能である。 • **チーム・リーダーなし**　わたしたちは、チーム・リーダーを必要としない真に自己組織化チームをいくつも見てきた。長期にわたって協働しているチームは常にあり、そのようなチームでは、通常はチーム・リーダーの責任になることを、他の種類の作業と同様にメンバーが必要に応じて対処することを選ぶ。
チーム・メンバー	• **スペシャリスト**　前述のとおり、現時点でスペシャリストしかいない場合は、そこを出発点にチームを形成していく。

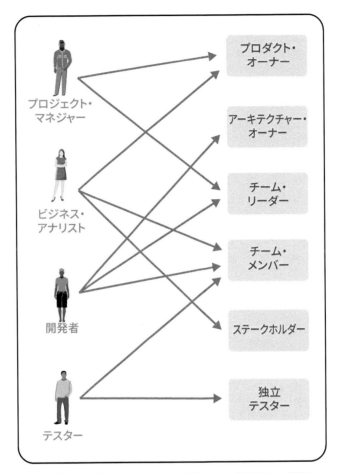

図4.5 従来の役割からDADの役割への典型的な移行

まとめ

本章では、DADチームに関与する人々の想定される権利と責任、関係者が引き受けであろう役割について説明した。なぜ断定を避けるかというと、ここで述べるアイデアを自分の組織文化の環境に合わせてテーラリングする必要があるからだ。ただし、DADの役割と責任から離れるほど、負うリスクが大きくなるということも示した。本章で学んだことを整理しよう。

- DADは、どのチームにも設置される五つの主要な役割を定義している。すなわち、チーム・リーダー、プロダクト・オーナー、チーム・メンバー、アーキテクチャー・オーナー、ステークホルダーである。
- さまざまな状況で、チームは必要に応じて適宜、補助的な役割の人々の助けを借りることになる。すなわち、スペシャリスト、ドメイン・エキスパート、テクニカル・エキスパート、独立テスター、インテグレーターである。
- 他のすべての要素と同様に、DADの役割はあくまで出発点の案として提示されている。自分の組織に合わせて役割をテーラリングする正当な理由がある場合もある。
- 他のすべての要素と同様に、役割についても直面している状況で可能な限りベストを尽くし、少しずつ改善に努めてほしい。

第5章
プロセス・ゴール

わたしたちは、それぞれの違い、考え方の違いを受け入れるだけでなく、違いを大いに歓迎し、楽しむことを学ばなければならない。－ジーン・ロッデンベリー

> ## 本章の要点
>
> - 一つとして同じチームはないが、それでも取り組まなければならないプロセス・ゴール（プロセスの成果）は共通している。
> - プロセス・ゴールは、考えるべきことや選択肢の候補を判断するための手引きであり、何をすべきかを規定するものではない。
> - DADのプロセス・ゴールは選択肢を提供する。それぞれにトレードオフも伴う。
> - 直面している状況で今すぐできる最善のことをしようと努めてほしい。
> - DADのプロセス・ゴールは初めは複雑すぎるように見えるが、取り除けるものはないか自問してみよう。

ディシプリンド・アジャイル・デリバリー（DAD）は、チームが自身の働き方（WoW）を選択するのをサポートするために、わかりやすいアプローチを採っている。チームが直面している状況のコンテキストに応じてアジャイル戦略をテーラリングするには、プロセス関連の意思決定を行う必要がある。その手引きになるのがプロセス・ゴールだ［Goals］。これを能力駆動型の働き方、プロセス成果駆動型の働き方、あるいはベクトル駆動型アプローチと呼ぶ人もいる。

DADの各プロセス・ゴールは、品質改善、初期スコープの探索といったプロセスの概要レベルの成果を定義しており、その方法は規定していない。プロセス・ゴールが代わりに提示するのは、検討が必要な課題（ディシジョン・ポイントと呼ぶ）と、採用できそうな選択肢の候補である。

今述べたように、チームが直面している状況のコンテキストに応じてアジャイル戦略のテーラリングとスケーリングを行うには、プロセス関連の意思決定を行う必要があり、その手引きとなるのがプロセス・ゴールだ。このテーラリング作業は何日もかかるものではなく、せいぜい数時間で完了するだろう。DADのわかりやすいゴール図を参考にすれば、テーラリングを合理的に進めることができる。チームが働き方を選ぶとき、それをサポートするアプローチとしてプロセス・ゴールを推奨する。プロセス・ゴールは、ディシプリンド・アジャイル（DA）のプロセスを支える足場の重要な要素である。

なぜゴール駆動のアプローチなのか？

第1章では、チームはプロセスを自分のものにすべきであり、働き方を選択して少しずつ進化させるべきという主張にいくつか相応の理由があることを説明した。第一に、チームが直面している状況は千差万別である。したがって、すべてのチームが自分たちのアプローチをテーラリングしてその状況に最善の形で対処し、状況の変化に応

じて働き方を進化させるべきである。つまり、コンテキストが肝心ということだ。第二に、わたしたちは選択肢を持つだけでなく、選択肢の中身も知る必要がある。どのような選択肢があるのか知らなければ、プロセスを自分のものにすることはできない。第三に、わたしたちの望みは最高の仕事をすることなので、可能な限り最高のチームになる方法を発見できるように、さまざまな働き方を柔軟に実験する必要がある。

ほとんどのチームは、自分たちのプロセスを本当の意味で自分たちのものにすることがなかなかできずにいる。その主な原因は、そのために必要なプロセスの知識がチーム内にないことだ。したがって助けが必要であり、プロセス・ゴールはその重要な部分を占める。わたしたちの経験上、アジャイル・ソリューション・デリバリーにゴール駆動のアプローチで取り組めば、基本的に次のようなメリットを得られる。

- チームがプロセスの遵守ではなく、プロセスの成果に焦点を絞ることができる。
- よりリーンでムダの少ないプロセスの意思決定につながる、共通の簡潔な道筋が得られる。
- プロセスの意思決定が系統立ったものになるため、働き方の選択に役立つ。
- プロセスの選択肢が非常に明確になり、その結果、自分たちが置かれている状況に適した戦略が特定しやすくなる。
- スケーリングで直面する複雑な状況にも対応できる洗練された戦略を利用できるため、効果的なスケーリングができる。
- アジャイルの手法を敷衍する際に当て推量を行う必要がなくなり、その結果、ステークホルダーに価値を提供するという本来の仕事に集中できるようになる。
- 自分たちが負おうとしているリスクが明確になるので、成功の可能性を高めることができる。
- アジャイルの成熟度モデルを採用するための手掛かりになる（これは従来の成熟度モデルからの脱却に苦心している組織にとって重要）。

どの程度の詳細なら十分と言えるのか？

個人として、あるいはチームとして必要なプロセスの詳細度は状況によって異なる。一般的に、経験が豊富なほど、必要な詳細度は低くなる。図5.1は、DADの詳細度を表現する方法を示したものである。概要レベルの成果ベースのプロセス・ゴールから始まり、特定プラクティスの核心部分の詳細へと段階的に詳しくなる。DA ブラウザ[DABrowser]は、最初の3レベル、すなわちプロセス・ゴール、プロセス・ゴール図、選択肢の表を提示している。第4レベル、つまり詳細なプラクティスや戦略の説明は、印刷すると膨大なページ数になる。アジャイルやリーンの規範は途方もないボリュームであり、DADが目指すのはそれを個々のコンテキストに当てはめやすくすることだ。

図5.1に示すとおり、プロセス・ゴールの説明に関しては次の四つの詳細度がある。

1. **プロセス・ゴール**　プロセスの成果に名前を付けたもの。たとえば、「アーキテクチャー戦略の特定」、「価値提供の迅速化」、「ソリューションのデプロイ」、「チーム・メンバーの育成」など。プロセス・ゴールに名前が付いていることで、チーム間で働き方が大きく異なる可能性がある場合でも、一貫した言語でプロセス関連の課題を話し合うことができる。
2. **プロセス・ゴール図**　そのゴールに関してじっくり検討すべき側面、つまりディシジョン・ポイントと、各ディシジョン・ポイントで選ぶいくつかの選択肢を視覚的に描写したもの。わたしたちは利用可能な技法を網羅したわけではないが、取りあげた技法は適度な幅があり、選択の余地が確実にあるということを明確に示すには、十分なものとなっている。さまざまな意味で、プロセス・ゴール図はディシジョン・ツリーの進化版である。具体例は本章で後述する（図5.4）。アジャイル・コーチなど経験を積んだ実務者にとっては、あるゴールで対

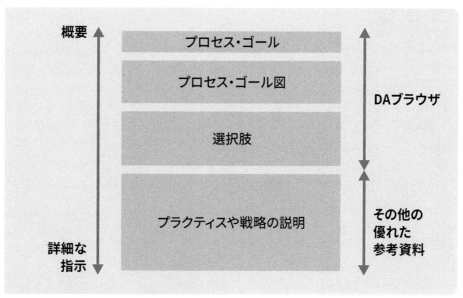

図5.1 プロセス・ゴールの詳細度

　　応している働き方の一部をテーラリングする際に必要な検討事項の概要として、プロセス・ゴール図が役に
　　立つ。
3. **選択肢の表**　あるディシジョン・ポイントに取り組むために採用を検討すべきプラクティスや戦略の候補を
　　簡潔にまとめたもの。それぞれの選択肢では、コンテキストに当てはめるためにトレードオフも提示されてい
　　る。ベストプラクティスのようなものはない。どのプラクティスや戦略も、あるコンテキストではうまくいき、別
　　のコンテキストには適さない。選択肢の表は、直面する状況でチームが実験する選択肢として最善だと思う
　　ものを判断する際に役立つ。具体例は本章で後述する（図5.5）。
4. **プラクティスや戦略の説明**　どの技法も、ブログや記事、場合によっては1冊以上の書籍で説明されている。
　　たとえば、テスト駆動開発（TDD）については何千というブログや記事があるし、良書も数冊出ている。わたし
　　たちの狙いは、こうした優れた参考資料にたどり着くための正しい方向を示すことだ。DAブラウザはまさにそ
　　のためにある。

コンテキストが肝心：ディシプリンド・アジャイル・チームはゴール駆動型である

図5.2は、方向付け、構築、移行の三つのフェーズに分類されるDADチームのゴールと、ライフサイクルを通じて継
続するゴールを整理したものである。

プロセスの歴史をご存知であれば、フェーズ名が統一プロセス（UP）[Kruchten]から採用されていることに気付
くかもしれない。正確に言えば、UPの四つのフェーズ名のうち三つを採用した。UPとは違って、DADに推敲フェー
ズはないからだ。DADはUPにすぎないという証拠として、この点を挙げる人もいるが、UPをよくご存知なら、それ
は明らかに正しくないとわかるだろう。UPからフェーズ名を採用したのは、正直なところ、申し分のない名前だっ
たからだ。わたしたちの哲学は、用語を含め、優れたアイデアはできるだけ多く再利用して活用し、新しい用語を
可能な限り作り出さないことだ。

プロセス・ゴール図

図5.2に挙げた概要レベルのプロセス・ゴールは出発点としてはふさわしいが、ほとんどの人はさらに情報が必要だ。次の詳細度では、ゴール図を使う。表記法は図5.3に、具体例は図5.4に示す。まず、表記法を見てみよう。

- **プロセス・ゴール**　プロセス・ゴールは角丸長方形で示される。
- **ディシジョン・ポイント**　ディシジョン・ポイント（対応を検討する必要があるプロセスの課題）は、長方形で示される。プロセス・ゴールには二つ以上のディシジョン・ポイントがあり、ほとんどのゴールにディシジョン・ポイントが四つか五つある。ただし、それ以上のこともある。各ディシジョン・ポイントは、右側のリストに列挙されたプラクティスや戦略で対応できる。状況によっては対応する必要のないディシジョン・ポイントもある。たとえば、プロセス・ゴール「アクティビティの調整」にはディシジョン・ポイント「プログラム全体の調整」があるが、これはチームがより大きな「複数チームからなるチーム」に属す場合にしか当てはまらない。
- **順序付きの選択肢リスト**　順序付きの選択肢リストは、技法のリストの左側に矢印が描かれている。矢印の意味は、リストの一番上にある技法のほうが望ましく、一般に実務でより効果があり、リストの一番下にある技法はあまり望ましくないということだ。もちろん、チームは直面している状況のコンテキストに応じて、実行できる最も効果的な技法の採用に努めるべきだ。言い換えれば、今できる最善を尽くすが、もっと良い技法がある可能性を捨てず、ある時点でそれを採用する選択もできることを認識してほしい。複雑系の理論の視点から見ると、順序付きの選択肢リストがあるディシジョン・ポイントは、実質的に変化の道筋を示すベクトルである。図5.4では、ディシジョン・ポイント「スコープ文書の詳細度」に順序付きの選択肢リストがあるが、上から二番目のディシジョン・ポイントにはない。
- **順不同の選択肢リスト**　順不同の選択肢リストには矢印がない。どの選択肢も一長一短だが、選択肢を公正にランク付けする方法は定まっていない。

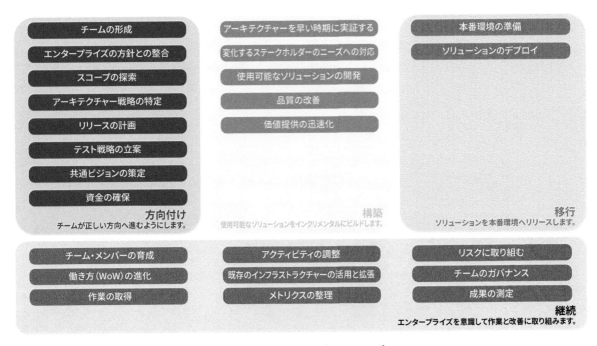

図5.2 ディシプリンド・アジャイル・デリバリー（DAD）のプロセス・ゴール

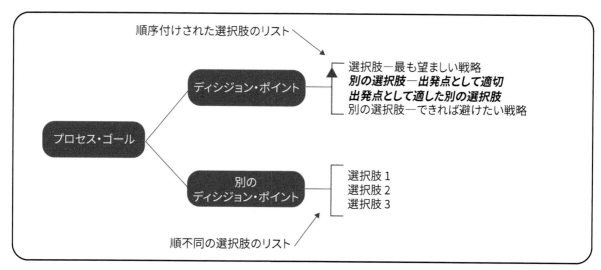

図5.3 プロセス・ゴール図の表記法

- **出発点の候補**　出発点の候補は、太字の斜体で示されている。技法の選択肢が多いものがあるため、「デフォルト」の技法を太字の斜体で表している。このデフォルトは、アジャイルを始めたばかりの小規模なチームが単純な問題に取り組むときの出発点として適している。ほとんどの場合、デフォルトはスクラム、エクストリーム・プログラミング（XP）、アジャイル・モデリングの戦略であり、補完するために統一プロセスのアイデアも少し投入されている。

実際には、特定のリストの選択肢をいくつか組み合わせることが一般的だ。たとえば、図5.4のディシジョン・ポイント「利用方法の探索」を考えてみよう。アジャイルを始めたばかりのチームなら、「エピック」、「ユーザー・ストーリー」、「ユーザー・ストーリー・マップ」を選んで利用方法の要求を探索するのが一般的だ。

図5.4のゴール図「スコープの探索」をもう少し見てみよう。これは、方向付けフェーズのライフサイクルの最初に対応すべきプロセス・ゴールである（方向付けフェーズを含むライフサイクルに従っている場合は、第6章を参照）。一部のアジャイル手法では、プロダクト・バックログに初めはユーザー・ストーリーを投入するようにアドバイスするだけだが、ゴール図ではアプローチをもう少し洗練したほうがよいことが明確になる。スコープ文書があるなら、どの程度の詳細度で表現すべきか？システムの潜在的な利用方法をどうやって探索するつもりか？UIの要求は？ソリューションでサポートされるビジネス・プロセスは？デフォルトの技法、より正確な表現をすれば、出発点の案は太字の斜体で示されている。利用方法の表現方法、ドメインの基本概念の表現方法（たとえば概要レベルの概念図）、非機能要求（NFR）の表現方法として、デフォルトと位置付けた選択肢がゴール図でどう提案されているか注目してほしい。モデリングで検討候補になる戦略はさまざまにあるが、状況に適したものを選択し、適さないものは選択すべきでない。また、作業をマネジメントする方法についても考え始める必要がある。インデックス・カードとホワイトボード・スケッチを書くという簡易的な仕様書アプローチは、検討すべき選択肢の一つにすぎない。DADでは、アジャイル・チームが行うことは新しい要求の実装だけでないことを明確に示している。したがって、単純な要求（プロダクト）バックログ戦略よりもワーク・アイテム・リストをデフォルトにすることを推奨している。ワーク・アイテムには、実装する新しい要求、修正が必要な欠陥、トレーニング・ワークショップ、他チームの作業のレビューなどが含まれる。これらはすべて、サイズを決め、優先順位を付け、計画する必要があるものだ。最後に、ゴール図では、作業工数の初期スコープを探索するときに信頼性、プライバシー、可用性、パフォーマンス、セキュリティ（ほか多数あり）といった非機能要求（NFR）を何らかの手段で表現すべきであることも明確に示している。

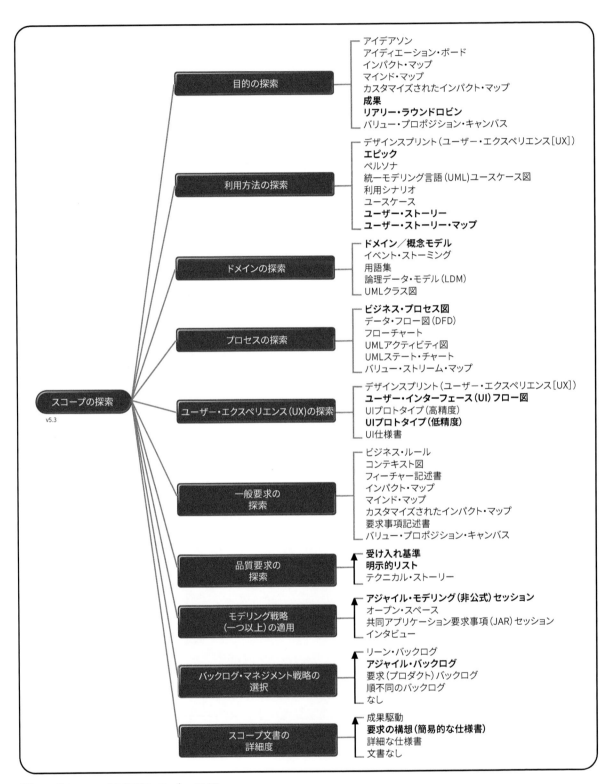

図5.4「スコープの探索」のゴール図

だが、これでは複雑すぎる！

DAの戦略は、ソフトウェア開発は（総じてITと組織にも）本質的に複雑であるということを明確に認識することだ。DAは、物事を安易に一握りの「ベストプラクティス」にまとめようとはしない。それよりも、直面している課題、今ある選択肢、選択の結果生じるトレードオフを明示的に伝え、ニーズに適切な戦略を選択するプロセスを簡素化するものである。DAは、より良いプロセスの決定を支える足場になる。

図5.2に示すとおり、プロセス・ゴールは多数ある（実際に24ゴール）。どれを選択するだろうか？わたしたちはリスクにまったく対処しないチームを見てきたが、例外なくお粗末な結果に終わった。「品質の改善」のゴールに対処しないという選択をしたチームも見てきたが、技術的負債が増えるだけだった。現実では、こうしたゴールを無視すれば安泰ではいられない。同様に、図5.4のディシジョン・ポイントも考えてみよう。どれか除外するだろうか？おそらくしないだろう。その通り、長い目で見てソリューション・デリバリーに成功するには考えることが山ほどあり、わたしたちが表現したものはエンタープライズ規模のソリューション開発にとっては最小限の一式であろう。気が遠くなりそうだ。

さらに詳細を検討するには：選択肢の表と参考資料

次の詳細度は選択肢の表である。図5.5に具体例として、「スコープの探索」のディシジョン・ポイント「品質要求の探索」の選択肢の表を示している。表ごとに選択肢（プラクティスか戦略）とそれぞれのトレードオフがリストアップされている。この表の目的は、各選択肢をコンテキストに当てはめ、必要に応じてその技法の詳細を案内することだ。

図5.6に示すのは、参考資料のプルダウン・メニューに詳細情報のリンクが表示されている実際の画面である。この例では、受け入れ基準という選択肢に関連するリンクが表示されている。これらのリンクから、関連する記事、ブログ、書籍、トレーニングにアクセスできる。DAの哲学は、ある選択肢が有効かどうかを判断するのに十分なコンテキスト情報を提供し、もっと詳しく知りたい場合に優れた参考資料を紹介することだ。

プロセス・ゴールを実務に適用するには

ディシプリンド・アジャイリストは、次に挙げる共通のシナリオでプロセス・ゴールを適用できる。

- **実験する戦略の候補を特定する**　第1章では、チームがDADを参考資料として利用して実験する技法を特定するというガイド付きプロセス改善（GCI）について説明した。図5.5で見たように、DADでは選択肢をコンテキストに当てはめるため、自分たちの環境に有効な技法を特定できる可能性が高い。
- **レトロスペクティブ（振り返り）を強化する**　ゴール図とそれを補足する表は、選択肢の候補が詰め込まれたツールキットである。そこから選択して、チームが特定した課題を解決するために実験できる。
- **チェックリスト**　経験豊富なチームでは、現在の状況に適用できる技法の候補を確認するためにゴール図を使うことがよくある。
- **プロセステーラリング・ワークショップ**　第1章で説明したように、プロセステーラリング・ワークショップは、新しいチームがその共同作業の方法を特定する、または交渉するためによく実施する。プロセス・ゴールを使ってみると、ワークショップの焦点を絞るために役立つ優れた参考資料だと判明することが多い。プロセス・ゴールを使う簡単な方法は、印刷して壁に掲示し、チームで検討することだ。

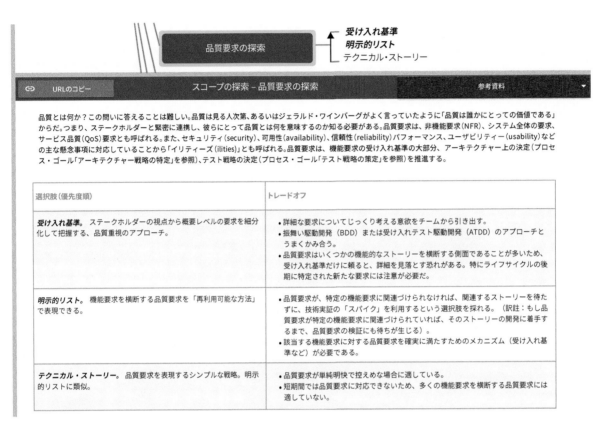

図5.5「品質要求の探索」（DA ブラウザのスクリーンショット）

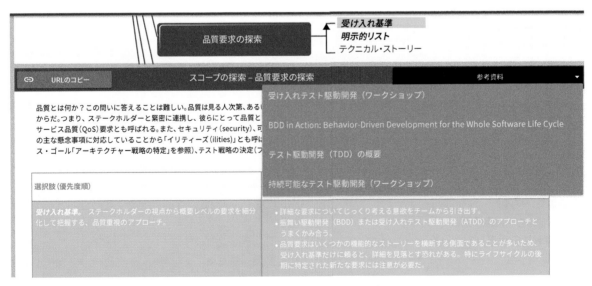

図5.6 受け入れ基準の参考資料（DA ブラウザのスクリーンショット）

- **成熟度モデル**[1]　順序付きのディシジョン・ポイントは、あるディシジョン・ポイントに焦点を合わせた成熟度モデルとしても有効である。さらに重要なこととして、順序付きのディシジョン・ポイントは、チームが今後進むことになりそうな改善の道筋を示すベクトルとしても有効である。これは、CMMI（能力成熟度モデル統合）の継続的モデル戦略に類似している［CMMI］。
- **プロセスの選択肢について生産的に話し合う**　プロセス・ゴールの興味深い側面は、示されている選択肢の中には実際にやってみるとあまり効果がないものもあるということだ。驚いたかもしれない。ある技法が利用可能な最善の戦略だと信じて、それに従っているチームを見かけることがある。それが「ベストプラクティス」だと言われたのだろうか。それとも、知っている限り最善の戦略か、その時点でできる最善のことなのだろうか。あるいは、採用した方法論で規定されているのだからと、それ以外に目を向けようとは思わなかったのかもしれない。いずれにせよ、その戦略だけではなく、他の有効な選択肢もチームの目の前にあり、それぞれのトレードオフも明確に説明されている。つまり、戦略を比較対照し、新しい戦略を選んで実験してみることも十分にできる状況にいるのだ。

まとめ

本書では、どうすれば働き方を選択できるのか、どうすればチームがプロセスを本当の意味で自分たちのものにできるのかを説明している。プロセスを自分たちのものにするには、どんな選択肢があるのかを知るしかない。プロセス・ゴールは、プロセスの選択肢と、それに伴うトレードオフを明確にするのに役立つ。本章では、次の主なコンセプトについて説明した。

- 一つとして同じチームはないが、それでも取り組まなければならないプロセス・ゴール（プロセスの成果）は共通している。
- プロセス・ゴールは、考えるべきことや選択肢の候補を判断するための手引きであり、何をすべきかを規定するものではない。
- プロセス・ゴールは選択肢を提供する。それぞれにトレードオフも伴う。
- 直面している状況で今すぐできる最善のことを実行し、少しずつ学び、改善しようと努めてほしい。
- プロセス・ゴールが初めのうち複雑すぎるようであれば、取り除けるものはないか自問してみよう。

---

[1] DAでは、マネジメント、ガバナンス、フェーズなど、「アジャイル禁句」を恐れずに使う。そう、「成熟度モデル」でさえ使うのだ。

第6章

適切なライフサイクルの選択

あなたの選択が恐れではなく、希望を映し出すものでありますように。―ネルソン・マンデラ

本章の要点

- 組織内の一部のチームは、依然として連続型ライフサイクルに従うことになる。DADはこれを明確に認識しているが、このカテゴリーの作業は縮小していくため、サポートは提供しない。
- DADは、アジャイル戦略またはリーン戦略に基づく六つのソリューション・デリバリー・ライフサイクル（SDLC）からライフサイクルを選び、それを進化させていくために必要な足場を提供する。
- プロジェクトベースのライフサイクルは（アジャイル型とリーン型のライフサイクルでさえも）複数のフェーズを経る。
- どのライフサイクルにも一長一短がある。各チームは、自分たちのコンテキストに最も当てはまるものを選択しなければならない。
- 軽量かつリスクベースの共通マイルストーンにより、ガバナンスの一貫性を確保できる。全チームに同じプロセスに従うことを強制する必要はない。
- チームは任意のライフサイクルから出発し、多くの場合は働き方を継続的に改善しながらそこから離れて進化していく。

わたしたちは世界中の組織と一緒に仕事をする機会に恵まれている。働き方（WoW）の改善方法についてコーチングするために組織に足を踏み入れると、わたしたちはまず、その組織で実際に何が起きているのかを観察する作業に取り掛かる。よほど小規模なエンタープライズを除き、繰り返し目にすることが一つある。それは、さまざまなチームで複数のデリバリー・ライフサイクルが実施されているということだ。スクラムベースのアジャイル・プロジェクト・ライフサイクルに従うチームもあれば、カンバンベースのリーン型ライフサイクルを採用するチームもある。もっと高度なチーム、特にDevOpsのマインドセットに移行しているチームは、継続的デリバリーのアプローチを採用することになる[Kim]。まったく新しいビジネス・アイデアに取り組んでいるチームなら、実験的な「リーン・スタートアップ」型アプローチに従っているかもしれないし、依然として従来型のライフサイクルに従っているチームもあるかもしれない。このようなことが起こる原因は、第2章で述べたように、すべてのチームが唯一無二であり、それぞれ置かれている状況も千差万別だからだ。チームに必要なのは直面しているコンテキストを反映した働き方だ。効果的な働き方を選択するうえで重要なことは、状況に最適なライフサイクルを選択することである。ディシプリンド・アジャイル・デリバリー（DAD）という足場により、デリバリー・チームはライフサイクルの選択肢を得られ、同時に全チームで一貫したガバナンスを実現できる[LifeCycles]。

歴史のおさらい：連続型ライフサイクル

まず、現時点でDADは従来型のライフサイクルに対応していない。連続型ライフサイクルには、さまざまなフレーバーがあり、時に従来型ライフサイクル、ウォーターフォール・ライフサイクル、予測型ライフサイクルと呼ばれることもある。図6.1は、いわゆる「Vモデル」を図解したものである。このモデルの基本的な考え方は、チームは要求や

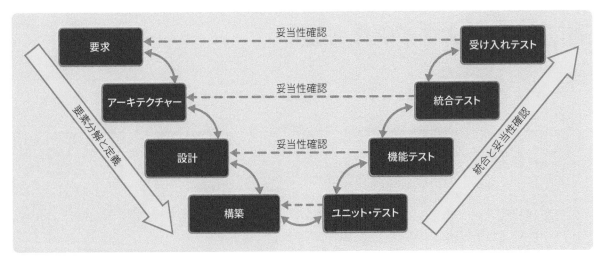

図6.1 ソフトウェア開発ライフサイクルのVモデル

アーキテクチャーなどの機能フェーズを経ながら作業を進めるというものだ。各フェーズの最後に「品質ゲート」マイルストーン・レビューを行うのが通例であり、このレビューでは文書のレビューを重視する傾向がある。ライフサイクルの終盤に、テストが実施される。少なくともVモデルでは、各テスト・フェーズは、ライフサイクルのより早い段階で成果物を作成するフェーズに対応している傾向がある。Vモデルのライフサイクルは、1960年代や1970年代のソフトウェア開発方法論に基づいている。注意してほしいのは、1990年代初めから2000年代にかけて、一部の組織が誤ってラショナル統一プロセス（RUP）を重量級プロセスの一例としたため、RUPも従来型のプロセスと考える実務者がいるということだ。いや、RUPはイテレーティブかつインクリメンタルだが、従来のマインドセットに固執している人たちによってお粗末に実装されることがよくあった。

現在DADには連続型アプローチが含まれていないと明示していながら、なぜ連続型アプローチについて述べているのだろうか。それは、現時点では連続型アプローチに従っているが、そこから脱却するための手助けを必要としているチームが存在するからだ。さらに悪いことに、多くの人が、従来の戦略は幅広い状況に適用できると考えている。ある意味でそれは正しい。しかし彼らは、アジャイル戦略やリーン戦略のほうが、実際にはそうした状況のほとんどに対して格段に効果的だということを理解していない。とはいえ、本章で後述するように、従来の戦略が適している状況もいくつかある。ただし、ごくわずかだが。

プロジェクト・マインドセットがアジャイル・フェーズを導く、それでいいんだ

多くの組織が、ソリューション・デリバリーの資金調達をプロジェクト単位で行うことを選ぶ。こうしたプロジェクトは期日駆動で、開始日と終了日が設定されているかもしれない。あるいはスコープ駆動で、特定の機能や成果一式をデリバリーする必要があるかもしれない。もしくはコスト駆動で、必要な予算内に収めなければならないこともあるだろう。これらの制約条件が組み合わさったプロジェクトもあるが、デリバリー・チームに課す制約条件が多くなるほど、プロジェクトが失敗するリスクが高くなる。図6.2は、プロジェクト・デリバリー・ライフサイクルの概観図を示している。見てのとおり、三つのフェーズがある。

1. **方向付け**　方向付けフェーズは、「スプリント0」、「イテレーション0」、スタートアップ、イニシエーションと呼ばれることもある。その基本的な考え方は、チームが組織化して正しい方向へ進むのに十分な程度の作業を行うというものだ。チームはまず自らチームを形成したうえで、ある程度時間をかけて初期の要求とアーキテクチャーの探索、初期の計画の策定、チームと組織のその他の部分との整合、そしてもちろん、プロジェクトの今後のフェーズのための資金調達を行う。このフェーズはできるだけシンプルかつ短期間にすることが望まし

アジャイルの歴史をおさらい

「イテレーション0」という用語は、アジャイル・マニフェストの作者の一人、ジム・ハイスミスの造語である。2002年に、著書『アジャイルソフトウェア開発エコシステム』で初めて使われた［Highsmith］。のちにスクラム・コミュニティによって採用され、「スプリント0」と改称された。

くく、この期間にステークホルダーから依頼された成果を達成する方法についてチームの合意を形成する。平均的なアジャイル・チームやリーン・チームが方向付けアクティビティに費やす日数は、11営業日、つまり2週間強だ［SoftDev18］。

2. **構築**　構築フェーズの目的は、ステークホルダーにとって価値がある十分な顧客価値、すなわち最小ビジネス・インクリメント（MBI）を備えた使用可能なソリューションを開発することだ。チームはステークホルダーと緊密に連携しながら、ステークホルダーのニーズを理解し、質の高いソリューションをビルドし、定期的にステークホルダーからフィードバックを得て、そのフィードバックに基づいて行動する。つまり、チームは分析、設計、プログラミング、テスト、マネジメントのアクティビティを、場合によっては毎日実施することになる。詳しくは後述する。

3. **移行**　移行フェーズは「リリース・スプリント」や「デプロイ・スプリント」、チームが品質に取り組んでいる場合は「ハードニング・スプリント」と呼ばれることもある。移行フェーズの目的は、本番環境へのソリューションのリリースを成功させることだ。その一環として、ソリューションをデプロイする準備が整っているかどうかを判断し、それを実際にデプロイする。平均的なアジャイル・チームやリーン・チームが移行アクティビティに費やす日数は6営業日だが、テストとデプロイを完全に自動化している（わたしたちはそういうことはしないが）チームを除くと、平均8.5日になる［SoftDev18］。補足すると、26%のチームが回帰テストとデプロイを完全に自動化しており、63%が移行フェーズを1日以内で完了している。

アジャイル純粋主義者はフェーズという概念に難色をしめし、方向付けフェーズを「スプリント0」、移行フェーズを「リリース・スプリント」と呼ぶなど、わざわざ複雑にすることが多い。しかし実際には、アジャイル・プロジェクト・チームは一歩引いてみるとこれらのフェーズを一連の活動として行っている。最初にチームは正しい方向に進むためにある程度時間を費やし（方向付け／スプリント0）、次にソリューションの開発に時間を費やし（構築）、そしてソリューションのデプロイに時間を費やす必要がある（移行／リリース・スプリント）。これは実際に起きている

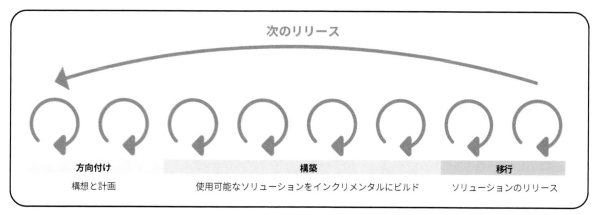

図6.2 アジャイル・プロジェクト・ライフサイクル（概要レベル）

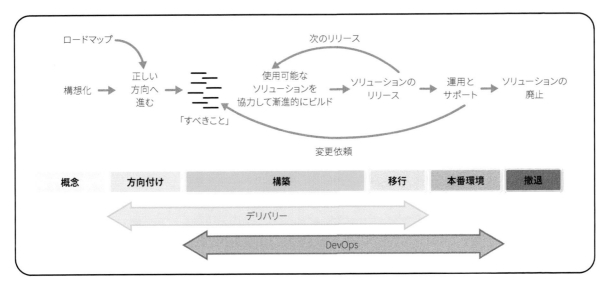

図6.3 システム／ソリューション／プロダクト・ライフサイクル（概要レベル）

ことであり、その気になれば簡単に見つけることができる。重要なのは、方向付けと移行の作業を最大限に合理化し、さらに言えば、構築も同様にすることだ。

IT企業、そしてもちろん一般的な組織が行うのは、ソリューション・デリバリーだけではない。たとえば組織には、データ・マネジメント、エンタープライズ・アーキテクチャー、運用、ポートフォリオマネジメント、マーケティング、ベンダー・マネジメント、財務など、多くの重要な側面があるはずだ。システムやプロダクトの完全なライフサイクルは、ソリューションの初期コンセプトからデリバリーを経て、運用とサポートに至る。多くの場合、デリバリー・ライフサイクルを通してこれを何度も繰り返す。図6.3は、システムのライフサイクルを図解したものである。これを見ると、デリバリー・ライフサイクルだけでなくDevOpsライフサイクルも、システムのライフサイクルのサブセットであることがわかる。図6.3では、コンセプト（アイディエーション）、本番環境、撤退のフェーズが追加されているが、DADと本書はデリバリーに焦点を絞っている。第1章で説明したように、ディシプリンド・アジャイル（DA）には、DAD、ディシプリンドDevOps、バリュー・ストリーム、ディシプリンド・アジャイル・エンタープライズ（DAE）全般を包含する戦略が含まれている[DALayers]。

シフトレフト、シフトライト、継続的なデリバリー

プロジェクトベースのアプローチを採用するチームもあるが、すべてがそうというわけではなく、時間の経過とともに、この傾向が少しずつ強まると予想している。チームが長期的に（通常は一つのプロジェクトよりも長い期間）一緒にいることが許される場合、わたしたちはこれを安定したチームまたは長期チームと呼ぶ。長期チームが自身の働き方を進化させることで、素晴らしいことが起こるのをわたしたちは見てきた。つまり、継続的デリバリーが可能なチームになるのだ。「シフトレフト」という用語はアジャイリストが好んで使用しており、通常はテストと品質のプラクティスがライフサイクル全体を通して遂行されていることを意味する。これは良いことだが、「シフトする」傾向にはそれ以上の意味がある。チームが働き方を進化させる方法に影響を及ぼす重要な傾向がいくつかあり、図6.4にそれをまとめている。

1. **テストと品質のプラクティスが左にシフトしている**　アジャイリストは明らかに、テストのプラクティスを左にシフトしている。そのために大規模な自動化を進め、テスト駆動開発（TDD）[Beck]や振舞い駆動開発（BDD）[ExecutableSpecs]などのプラクティスを介して、文書化した仕様書を実行可能な仕様に置き換えている。TDDとBDDはもちろん、継続的インテグレーション（CI）のプラクティスによってサポート

される［HumbleFarley］。こうした戦略の採用は、コードとしてのインフラストラクチャー戦略（Infrastructure as Code）採用の大きな原動力となり、従来型チームが主に手動で行っていたアクティビティがアジャイル・チームでは完全に自動化される。

2. **モデリングと計画のプラクティスを右にシフト**
アジャイリストはさらに、モデリング／マッピングと計画のプラクティスをライフサイクルの右にシフトしてきた。ステークホルダーから受け取るフィードバックに適応できるようにするためだ。DADではモデリングと計画がきわめて重要であるため、ライフサイクルの最初から最後まで、協働的かつイテレーティブ（反復型）な方法でモデリングと計画を行う［AgileModeling］。

3. **ステークホルダーとの対話を右にシフト**　DADチームは、ライフサイクルの始めの要求フェーズと終わりのテスト・フェーズだけでなく、取り組み全体でステークホルダーと対話する。

4. **ステークホルダーからのフィードバックを左にシフト**　従来型チームは、ステークホルダーからの重要なフィードバックを、従来のテスト・フェーズで行われるユーザー受け入れテスト（UAT）に委ねがちだった。一方、DADチームは、取り組み全体で可能な限り早くかつ定期的に、ステークホルダーからのフィードバックを得ようとする。

5. **デプロイのプラクティスを左にシフト**　アジャイル・チームは、継続的デプロイ（CD）をサポートするためにデプロイのプラクティスを完全に自動化しつつある。これもコードとしてのインフラストラクチャー戦略だ。CDは、DADの二つの継続的デリバリー・ライフサイクルにとって要となるプラクティスだ。これらのライフサイクルについては後ほど説明する。

6. **真のゴールは継続的デリバリー**　これらの左へのシフトと右へのシフトにより、チームは継続的デリバリーに対応した働き方ができるようになる。プロセスの改善とは、身を粉にして働くことではなく、スマートに働くことだ。

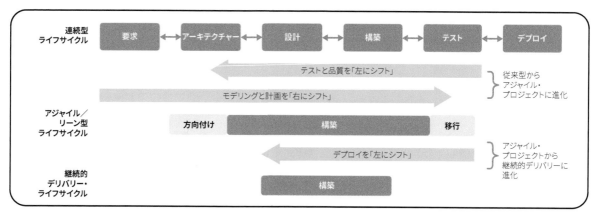

図6.4 アクティビティを左右にシフトするとライフサイクルがどう進化するか

選択肢があるのは素晴らしいこと: DADのライフサイクル

DADは、チームが選択できるように複数のライフサイクルをサポートしている。これらのライフサイクルについて、以下に詳しく説明する。図6.5はこれらのライフサイクルをまとめたものである。

1. **アジャイル** このプロジェクト・ライフサイクルに従うチームは、スクラムの構築ライフサイクルを土台に、短期間のイテレーション（スプリントまたはタイムボックスとも呼ぶ）を繰り返して使用可能なソリューションを開発する。
2. **継続的デリバリー：アジャイル** このアジャイルベースのライフサイクルに従うチームは、通常は1週間以内のごく短期間のイテレーションで作業し、各イテレーションの最後にソリューションを本番環境にリリースする。
3. **リーン** このプロジェクト・ライフサイクルに従うチームはカンバンを土台として、作業を見える化し、仕掛かり作業（WIP）を減らしてワークフローを合理化し、一度に1アイテムずつ作業をプルする。
4. **継続的デリバリー：リーン** このリーンベースのライフサイクルに従うチームは、可能なときにいつでも（通常は1日数回）、成果を本番環境にリリースする。

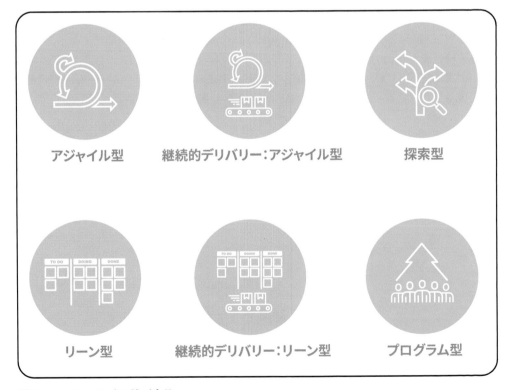

図6.5 DADのライフサイクル

5. **探索型** このライフサイクルに従うチームは、通常リーン・スタートアップ[Ries]とデザイン思考を土台に、一つ以上の最小実行可能プロダクト（MVP）を開発することでビジネス・アイデアを探索する。MVPは、潜在的顧客の実際の要望を判断するための実験として実行される。このライフサイクルは、チームが担当ドメインで「厄介な問題」[WickedProblemSolving]に直面したときに適用されることが多い。

6. **プログラム** プログラムとは、事実上、複数チームからなる一つの大規模チーム（訳註：チーム・オブ・チームズと呼ばれる）を指す。

ここで、これまで触れてきたライフサイクルをそれぞれ掘り下げてみよう。その後、各ライフサイクルの採用を検討するタイミングについて考察する。

DADのアジャイル型ライフサイクル

DADのアジャイル型ライフサイクル（図6.6）は、大部分がスクラム・ライフサイクルに基づいている。それに統一プロセス（UP）から採用された実証済みのガバナンス概念を組み合わせて、エンタープライズ対応にしたものである[Kruchten]。このライフサイクルは、あるソリューションの単一リリースを開発することに焦点を合わせたプロジェクト・チームに採用されることが多い。ただし、チームが解散せずに次のリリースのために再びこのライフサイクルに従うこともある（さらに次のリリースなどに続くこともある）。多くの意味で、このライフサイクルは、スクラムベースのプロジェクト・ライフサイクルがエンタープライズ規模の環境でどう機能するかを表している。わたしたちがこれまで携わったチームの中には、これをスクラム++と考えようとするチームもいくつかあった。スクラム・コミュニティには、自分達が不便だと感じるソリューション・デリバリーのアクティビティを軽視するという文化的な側面があるが、その制約を受けないという意味だ。このライフサイクルには、次のようないくつかの重要な側面がある。

- **方向付けフェーズ** 前述のとおり、このフェーズでチームが重視するのは、組織化して正しい方向へ進むのに十分な程度の作業を行うことだ。DADが目指すのは、ライフサイクル全体を最初から最後まで合理化することであり、これには方向付けフェーズで取り組む立ち上げのアクティビティも含まれる。方向付けフェーズは、チームに期待される成果とそれを達成する方法についてのビジョンが合意された時点で終了する。

- **構築フェーズは短期間のイテレーションで構成される** イテレーションは通常2週間以内の短期間で、ここでデリバリー・チームはソリューションの使用可能な新バージョンを開発する。もちろん、新しいプロダクトやソリューションの場合、イテレーションを複数回繰り返してからでないと、実際に使用可能なものが得られないこともある。このフェーズは、最小ビジネス・インクリメント（MBI）とも呼ばれる、十分な顧客価値が得られた時点で終了する。

- **チームが小規模なバッチでワーク・アイテムに取り組む** 小規模なバッチで作業することはスクラムの基本であり、このライフサイクルがスクラムに基づいている以上、それは重要な要素だ。DADチームは、ライフサイクルに関係なく、幅広い作業を担う可能性がある。たとえば、新機能を実装する、ステークホルダーにプラスの成果をもたらす、実験を行う、本番環境で稼働している現在のソリューションを使ったエンドユーザーから届く変更依頼に対応する、技術的負債を返済する、トレーニングを受講するなど、多岐にわたる。ワーク・アイテムは通常、プロダクト・オーナーが優先順位を付ける。その主な基準はビジネス価値だが、場合によってはリスク、期日、重大度（変更依頼の場合）も考慮される。プロセス・ゴール「作業の取得」に、ワーク・アイテムをマネジメントするためのさまざまな選択肢が提供されている。イテレーションごとに、チームはそのイテレーションで達成できると思う小規模なバッチの作業をワーク・アイテム・リストからプルする。

- **重要なセレモニーには一定のケイデンスがある** スクラムと同様に、このライフサイクルでは複数のアジャイル・セレモニーを特定のケイデンスで予定に組み込む。チームは各イテレーションの開始時にその詳細な計画を作成し、最後にデモンストレーションを実施する。働き方を進化させるためのレトロスペクティブ（振り返り）を行い、先に進むための意思決定を行う。日次調整ミーティングも実施する。肝心なのは、これらの重要な作業セッションを実施するタイミングを定めることで、プロセスから当て推量をある程度排除するということ

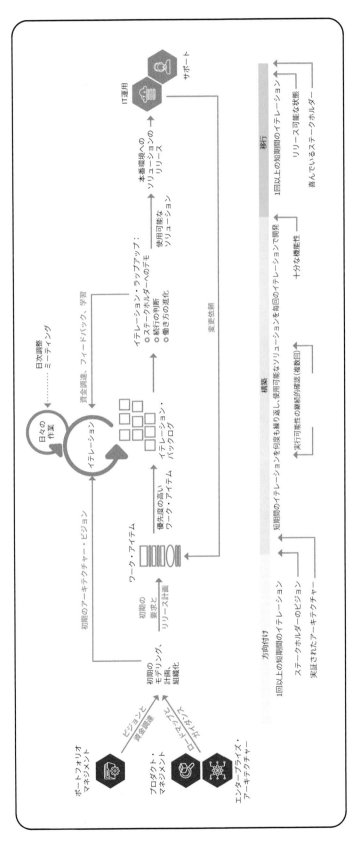

図6.6 DADのアジャイル型ライフサイクル

だ。ただし、スクラムでは、セレモニーによってプロセスにかなりのオーバーヘッドが生じてしまうという欠点もある。この問題にはリーン型ライフサイクルで対処できる。

- **移行フェーズ**　移行フェーズの目的は、ソリューションがデプロイできる状態か確認し、そうであればデプロイすることだ。この「フェーズ」は自動化によって省くこともできる（二つの継続的デリバリー・ライフサイクルに進む場合など）。
- **明示的なマイルストーン**　このライフサイクルは、ライフサイクル図の下部に示されているように、リスクベースの単純明快なマイルストーンを全面的にサポートしている。マイルストーンを組み込むことで、リーダーシップは効果的にガバナンスを行うことができる。詳しくは後述する。「軽量」とは、堅苦しいお役所的な作成物レビューをマイルストーンで行う必要がないという意味だ。理想的には、マイルストーンが、イニシアチブの状況と健全性について討議するための場になるだけで十分だ。
- **エンタープライズのガイダンスとロードマップが明示されている**　ライフサイクル図の左側を見ると、デリバリー・ライフサイクルの外部から重要なフローがチームに入ってくることがわかる。なぜなら、ソリューション・デリバリーは組織の全体的なDevOps戦略の一部にすぎず、ひいてはIT戦略全体の一部であるからだ。たとえば、取り組みの初期のビジョンと資金調達はプロダクト・マネジメント・グループから、ロードマップとガイダンスは、エンタープライズ・アーキテクチャー、データ・マネジメント、セキュリティなどの他の領域から入力されてくる可能性がある。忘れないでほしいのは、DADチームはエンタープライズの意識を持って働くということ、そしてそのためには適切なガイダンスを採用して従う必要があるということだ。
- **運用とサポートが示されている**　チームが既存のソリューションの新しいリリースに取り組んでいる場合、既存のエンドユーザーから変更依頼を受ける可能性がある。通常、変更依頼は運用やサポート経由で行われる。DevOps環境で作業しているチームは、本番環境でソリューションを実行しサポートする責任を直接負うこともある。

DADの継続的デリバリー：アジャイル型ライフサイクル

図6.7に示す、DADの継続的デリバリー：アジャイル型ライフサイクルは、図6.6で示したアジャイル型ライフサイクルが自然に発展したものだ。チームは通常、アジャイル型ライフサイクルからこのライフサイクルに進化し、多くの場合はイテレーションの長さを1週間以内に設定する。この継続的デリバリー：アジャイル型ライフサイクルがアジャイル型ライフサイクルと大きく異なるのは、イテレーションを複数回繰り返した後ではなく、各イテレーションの最後に新機能をリリースするという点だ。このライフサイクルには、次のようないくつかの重要な側面がある。

- **自動化と技術的プラクティスが鍵を握る**　チームには、自動回帰テスト、継続的インテグレーション（CI）、継続的デプロイ（CD）に関する一連の成熟した技術的プラクティスが必要である。こうしたプラクティスに対応するには、ツールへの投資、技術的負債の返済、そして特に、不足している自動回帰テストの記述を行う必要がある。
- **方向付けは過去に実施済み**　方向付けは、チームの最初の立ち上げ時にすでに行われていただろう。その後ビジネスや技術面の方向性に重大な変更が発生したときにも、再び行われたかもしれない。したがって、そのような変更が再度生じたときには、そう、チームの方向性を見直すのに十分な労力を必ず費やすべきである。わたしたちはこの作業をフェーズではなくアクティビティと見なしているため、方向付けは図に示されていない。とはいえ、数か月ごとに一旦立ち止まり、何日かかけて今後数か月で行う作業を概要レベルで取り決めることもある。SAFeではこれをビッグルームプランニングと呼び、アジャイル・モデリングではアジャイル・モデリング・セッションと呼ぶ。これらの技法は、プロセス・ゴール「アクティビティの調整」で説明されている。
- **移行がアクティビティになった**　テストとデプロイの自動化により、数日または数週間かかる作業であった移行フェーズが、数分あるいは数時間で終わる完全に自動化されたアクティビティに進化した。

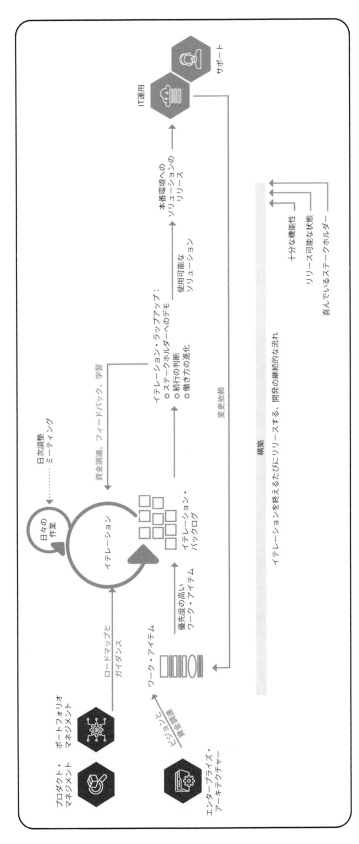

図6.7 DADの継続的デリバリー：アジャイル型ライフサイクル

- **明示的なマイルストーンと流入ワークフロー**　一貫したガバナンスを支える、リスクベースの共通マイルストーンはまだ残っている。一部のマイルストーンはもう該当しない。特に、「ステークホルダーのビジョン」と「実証されたアーキテクチャー」はすでに完了している（ただし、大きな変更が生じた場合は、これらのマイルストーンに再び取り組んで構わない）。組織の他の部分から入ってくるワークフローが示されているのは、アジャイル型ライフサイクルやリーン型ライフサイクルと同様である。

DADのリーン型ライフサイクル

図6.8に示すDADのリーン型ライフサイクルは、仕掛かり作業を最小限にする、フローを最大化する、（固定イテレーションではなく）作業の継続的なストリーミング、ボトルネックを減らすといったリーンの原則を促進する。このプロジェクト指向のライフサイクルは、アジャイルやリーンを始めたばかりのチームが急速に変化するステークホルダーのニーズに直面している場合（これは、チームが既存のレガシー型ソリューションを進化または維持させる際に直面する一般的な課題である）や、アジャイルの採用によって通常引き起こされる文化やプロセスの混乱というリスクを（少なくとも当面は）負いたくない従来型のチームに採用されることが多い。このライフサイクルには、次のようないくつかの重要な側面がある。

- **チームは一つずつワーク・アイテムに取り組む**　リーン型ライフサイクルがアジャイル型ライフサイクルと大きく異なる点は、イテレーションがないことである。新しい作業は、チームにキャパシティがあるときにワーク・アイテム・プールから1アイテムずつプルされる。小規模なバッチの作業が（訳註：複数の作業アイテムがまとめて）プルされるイテレーションベースのアプローチとは対照的だ。
- **ワーク・アイテムはジャスト・イン・タイム（JIT）で優先順位付けされる**　ワーク・アイテムは小規模な選択肢のプールとして維持され、時間の優先順位を基準にカテゴリー分けされることが多い。価値（できればリスクも）、あるいは確定したデリバリー日を基準に優先順位付けされるワーク・アイテムもある。重大度が最高位の本番環境の問題、重要なステークホルダーからの依頼のように早急に対応しなければならないもの、技術的負債の返済、トレーニングの受講のような無形の作業もある。優先順位付けはJITベースで効果的に行われる。つまり、チームは取り組むワーク・アイテムをプルする時点で最重要のものを選ぶ。
- **プラクティスは必要なときに、必要に応じて実施される**　作業の優先順位付けと同様に、その他のさまざまなプラクティス（計画、デモの実施、ワーク・アイテム・プールへの追加、調整ミーティングの開催、先に進むための意思決定、先行モデリングなど）もJITベースで実施される。このライフサイクルでは、チームがアジャイル型ライフサイクルで経験するオーバーヘッドの一部を取り除く傾向があるが、各種プラクティスを実施するタイミングを決定するにはさらに規律が要求される。
- **チームが積極的にワークフローをマネジメントする**　リーン・チームは作業のマネジメントにカンバン・ボード［Anderson］を使う。カンバン・ボードは、チームの概要レベルのプロセスを作業状況の観点から表したものである。ボードの各列は、「ボランティアが必要」、「調査中」、「開発待ち」、「ビルド中」、「テスト待ち」、「テスト中」、「完了」といった作業状況を示す。これらはあくまで例にすぎない。働き方を選択するにつれて、どのチームも自分たちの働き方を反映したボードを作成するからだ。カンバン・ボードはホワイトボード上に作成したり、アジャイル・マネジメント・ソフトウェアを使って作成したりすることが多い。作業はチケット（ホワイトボードの場合は付箋）の形で示される。各チケットは、選択肢のプールやバックログにあるワーク・アイテムまたはワーク・アイテムのサブタスクに当たる。各列に仕掛り作業（WIP）の制限があり、それぞれの状況に該当するチケットの枚数に上限を設けている。チームが作業する時には、対応するチケットをカンバン・ボード上で表現されたプロセスの該当する列にpullし、自分達の作業を調整する。
- **明示的なフェーズ、マイルストーン、流入ワークフロー**　方向付けフェーズと移行フェーズ、さらに一貫したガバナンスを支えるためのリスクベースのマイルストーンもまだ存在する。組織の他の部分から入ってくるワークフローが示されているのは、アジャイル型ライフサイクルと同様である。

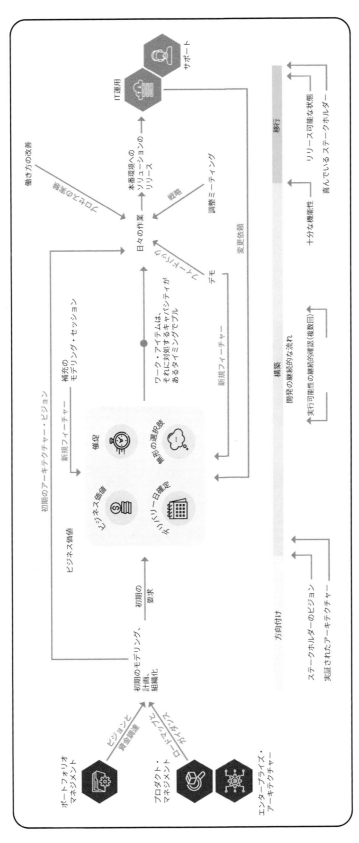

図6.8 DADのリーン型ライフサイクル

成果が継続的探索につながる

わたしたちは興味深いことを一つ目にした。それは、ワーク・アイテムを要求（ユーザー・ストーリーなど）ではなく成果として表現すると、このライフサイクルは、要求主導の戦略で見られる継続的な注文受付ではなく、ステークホルダーのニーズの継続的な探索に進化する傾向があるということだ。

DADの継続的デリバリー：リーン型ライフサイクル

図6.9に示す、DADの継続的デリバリー：リーン型ライフサイクルは、リーン型ライフサイクルが自然に発展したものだ。チームは通常、リーン型ライフサイクルまたは継続的デリバリー：アジャイル型ライフサイクルから、このライフサイクルに進化する。このライフサイクルには、次のようないくつかの重要な側面がある。

- **新機能のデリバリーが真に継続的である**　本番環境に対する変更がチームによって1日に数回デリバリーされる。ただし、機能は必要になるまでオンにしないこともある（これはフィーチャー・トグルと呼ばれるDevOps戦略）。
- **自動化と技術的プラクティスが鍵を握る**　これについては、継続的デリバリー：アジャイル型ライフサイクルと同様である。
- **方向付けと移行がライフサイクル図から消えている**　この理由については、継続的デリバリー：アジャイル型ライフサイクルで説明した理由と同様である。
- **明示的なマイルストーンと流入ワークフロー**　これについても、継続的デリバリー：アジャイル型ライフサイクルと同様である。

DADの探索型ライフサイクル

図6.10に示すDADの探索型ライフサイクルは、エリック・リースが提唱するリーン・スタートアップの原則に基づいている。リーン・スタートアップの哲学は、市場における新しいプロダクトやサービス（オファリング）の開発にあたって、小規模な実験を優先して行うことで、先行投資を最小限に抑えることである[Ries]。その考え方は、見込み客を対象に実験を行い、実際の利用状況に基づいて顧客の要望を特定し、それによって顧客が実際に興味のあるものを開発する可能性を高めるというものだ。ユーザーのニーズを探るために対顧客実験を行うというこのアプローチは、担当ドメインの「厄介な問題」を探るための重要なデザイン思考戦略である。このライフサイクルには、次のようないくつかの重要な側面がある。:

- **これは簡略化された科学的手法である**　まず顧客の要望について仮説を立て、次に一つ以上の最小実行可能プロダクト（MVP）を開発して一部の見込み客にデプロイしたら、顧客がMVPをどのように利用するかを観察し、測定する。次に、収集したデータに基づいて今後の進路を決定する。方向転換して仮説を再考するか？より正確に把握した顧客ニーズを踏まえて一つ以上のMVPを手直しして、新しい実験を行うか？一つ以上のアイデアを破棄するか？一つ以上のアイデアを先に進め、顧客への実際のオファリングとして「プロダクト化」するか？
- **MVPは学習への投資である**　開発するMVPは急ごしらえでビルドされる。多くの場合、仮説のテストのみを目的とする、「ごまかし」あるいはプロトタイプレベルの品質のコードだ。「本物」ではないし、そのように意図

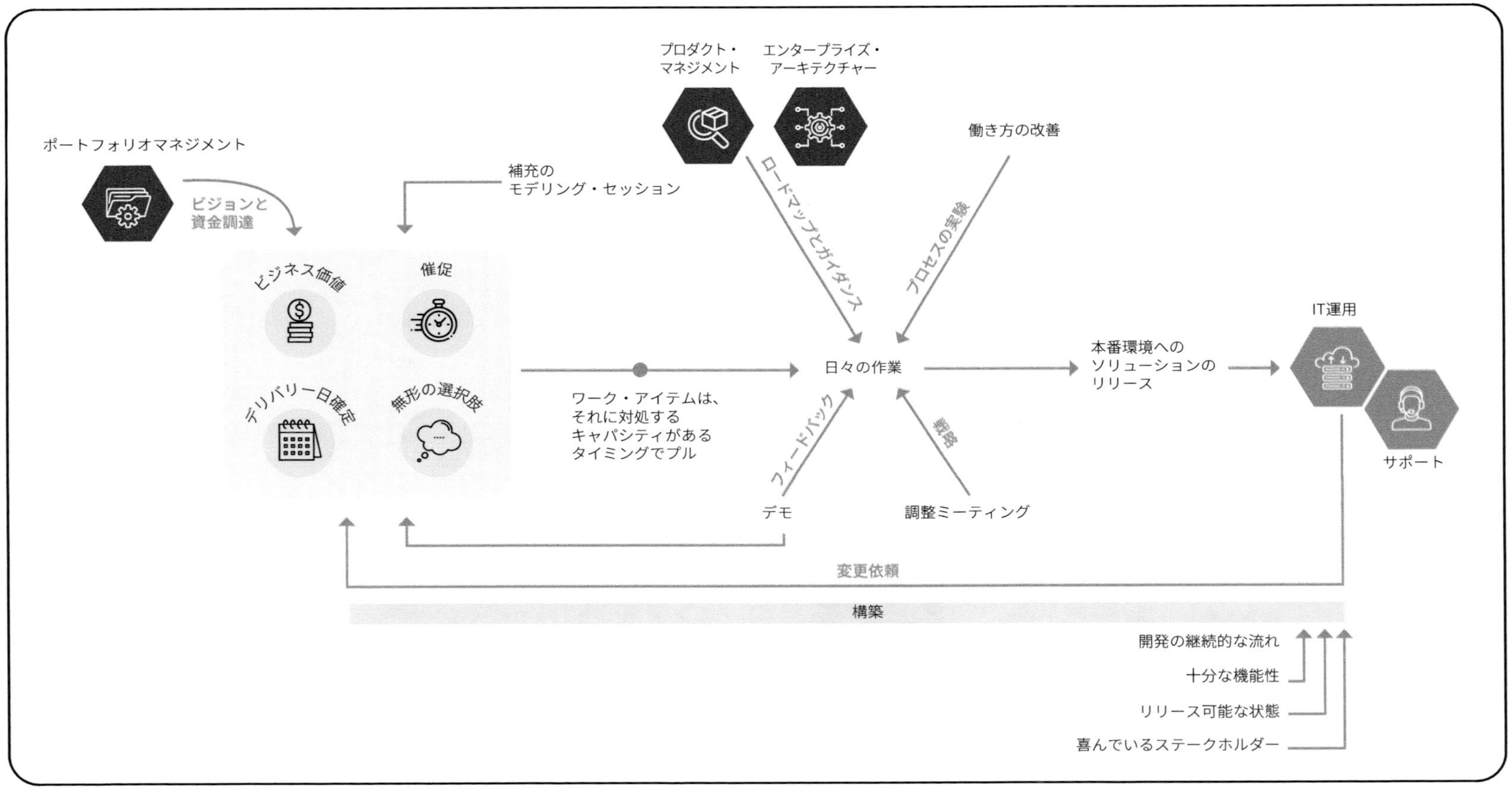

図6.9 DADの継続的デリバリー：リーン型ライフサイクル

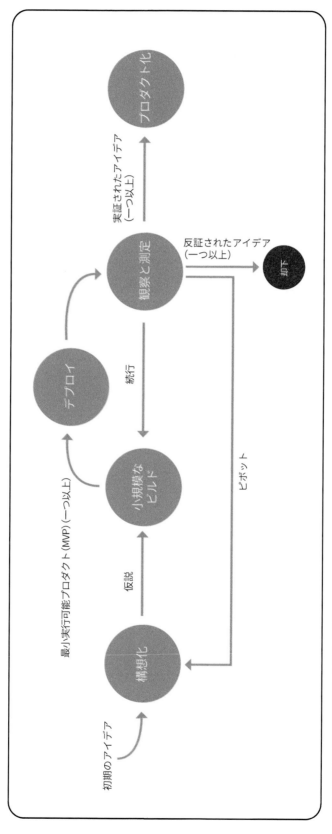

図6.10 DADの探索型ライフサイクル

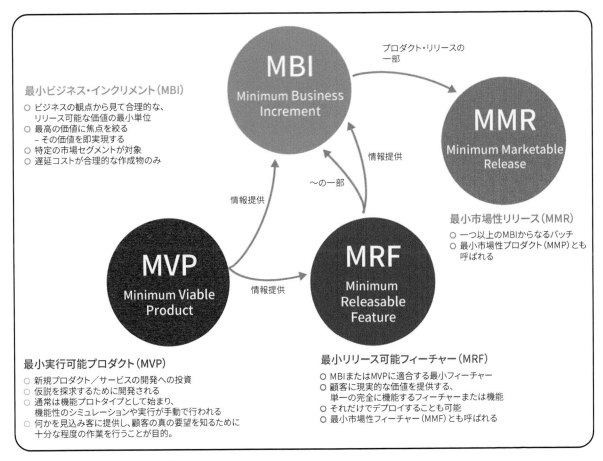

図6.11 MVPの関連用語の説明

されてもいない。これは機能やサービスのオファリングの1断片にすぎず、見込み客に提供してその反応を見るためのものである。MVPの概要と関連する概念については、図6.11を参照のこと。

- **いくつかの実験を並行して行う**　このライフサイクルでは、いくつかの実験を並行して行いながら仮説を探求することが理想的だ。これはリーン・スタートアップの改良版である。リーン・スタートアップは一度に一つの実験に専念する。そのほうが簡単だが、良いアイデアにたどり着くのに時間がかかる。悪くすれば、他の選択肢を検討する前に戦略が特定されるというリスクがある。
- **実験は失敗しても成功である**　失敗を恐れて実験をためらう組織もあるが、これは残念なことだ。なぜなら、このような探索型アプローチを取ることで、実際にはプロダクトが失敗するリスクが減るからだ（プロダクトの失敗は甚大でコストが高くつき、面目を失う事態になりがちだ）。わたしたちがアドバイスするのは、実験が残念な結果になっても成功だと認識できるよう「安心して失敗できる」環境を整えることだ。なぜなら、実験によって何が有効でないのかをコストをかけずに学ぶことができたわけで、そのおかげで軌道修正して有効なことを探せるのだから。
- **現実のプロダクトをビルドする際は別のライフサイクルに従う**　市場で成功すると思われるアイデアを一つ以上特定したら、今度は「本物のソリューション」をビルドする必要がある。そのときは、他のいずれかのDADライフサイクルに従う。

長年わたしたちは、次のようなさまざまなフレーバー（さまざまなテーラリングと言うほうがふさわしいかもしれない）を見てきた。

1. **新しいオファリングの探索**　少なくともわたしたちにとって、このライフサイクルを適用する何よりも説得力のある理由は、あなたの組織が持っている新しいプロダクトのアイデアを探索することだ。
2. **新しいフィーチャーの探索**　より小さい規模では、探索型ライフサイクルは実質的にA/Bテスト（スプリット・テスト）を行うための戦略である。このテストでは、新規フィーチャーの複数のバージョンを実装し、並行して実行してどれが最も効果的か判断する。
3. **概念実証（PoC）を並行して実施**　PoCでは、自分たちの環境で商用オフザシェルフ・ソリューション（COTS）とも呼ばれるパッケージをインストールして評価する。ソフトウェア購入のリスクを減らす効果的な方法は、複数のPoCを並行して実施することである。検討中のソフトウェア・パッケージごとにPoCを1回ずつ実施し、すべてのPoCの結果を比較して最善の選択肢を特定する。これはよく「ベイクオフ」と呼ばれる。
4. **戦略の比較**　一部の組織、特に競争の激しい環境にいる組織は、初めに複数のチームを立ち上げて一つのプロダクトに取り組む。各チームは基本的に方向付けフェーズに取り組み、おそらく多少は構築フェーズにも取り組む。その目的は、プロダクトのビジョンを特定し、各チームのアーキテクチャー戦略を立証することだ。この場合、チームの作業はMVPより高度だが、MBIほどは高度ではない。一定期間が経過したら、各チームの作業を比較して、最も優れたアプローチを選ぶ。「勝利チーム」が先に進み、プロダクト・チームになる。

「複数チームからなるチーム」に適したDADのプログラム型ライフサイクル

図6.12に示すDADのプログラム型ライフサイクルは、複数チームからなるチームの編成方法を示している。大規模なアジャイル・チームは実際には稀だが、存在する。つまり、SAFe、LeSS、Nexusなどのスケーリング・フレームワークで対応する状況である。このライフサイクルには、次のようないくつかの重要な側面がある。

- **明確な方向付けフェーズがある**　好むと好まざるとにかかわらず、チームを立ち上げたばかりであれば、事前に組織化のための時間を設ける必要がある。これは、直面するリスクが多い大規模チームに特に当てはまる。この作業はできるだけ迅速に行う必要があり、そのための最善の方法は、何を行う必要があるのか、そしてどう進めるのかを明確に認識することだ。
- **サブチームやスクワッドが働き方を選び、進化させる**　スクワッドとも呼ばれるサブチームも、他のチームと同様に、働き方を自ら選ぶことを許されるべきである。これには、自分たちのライフサイクルとプラクティスを選ぶことも含まれる。明確に言うと、アジャイル型ライフサイクルに従うチームもあれば、継続的デリバリー：リーン型ライフサイクルに従うチームもあるということだ。チームに制約条件を課すという選択もあるだろう。たとえば、プログラム内の調整に関して共通のガイダンスや戦略に従うという制約条件を課す（これについては、プロセス・ゴール「アクティビティの調整」で表現されている）。図6.13からわかるように、チーム横断型のシステム・インテグレーションとテストの進め方（必要な場合）、プロセス・ゴール「価値提供の迅速化」と「テスト戦略の策定」でそれぞれ表現されている選択肢に関して合意する必要がある。このための方法として、SAFeなどのフレームワークではリリース・トレインなどの戦略を規定しているのに対し、DADは選択肢を提供し、状況に最適な戦略を選択できるよう支援する。
- **サブチームはフィーチャー・チームでもコンポーネント・チームでもよい**　長年アジャイル・コミュニティでは、フィーチャー・チーム対コンポーネント・チームをめぐる論争が続いている。フィーチャー・チームは機能の縦割りを担当し、ストーリーを実装するか、ユーザー・インターフェースからデータベースに至るまでの変更依頼に対応する。コンポーネント・チームは、セキュリティ機能、トランザクション処理、ロギングといったシステム

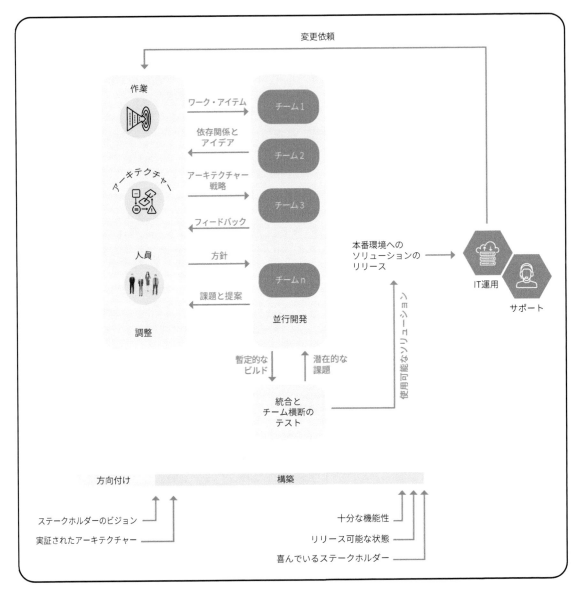

図6.12 プログラム型ライフサイクル

の特定の側面を担当する。経験から言えるのは、どちらのチームも存在意義があり、あるコンテキストには当てはまるが、別のコンテキストには当てはまらない。チーム戦略は組み合わせることがき、実際によく組み合わせて採用されている。

- **調整は三つのレベルで行われる**　サブチーム間での調整では、三つの課題に注意する必要がある。すなわち、完了する作業の調整、技術やアーキテクチャーに関する課題の調整、人に関する課題の調整である。図6.13では、この三つの調整がそれぞれプロダクト・オーナー、アーキテクチャー・オーナー、チーム・リーダーによって行われている。各サブチームのプロダクト・オーナーは、自己組織化を進めながらチーム内で作業や要求のマネジメント上の課題に対処し、各チームが適切なタイミングで適切な作業を行えるようにする。同様に、アーキテクチャー・オーナーシップ・チームは自己組織化を進めながら少しずつアーキテクチャーを進化させ、チーム・リーダーは自己組織化を進めながらチーム間で生じる人の課題をマネジメントする。三つのリーダーシップ・サブチームが、時間とともに通常発生する小さい軌道修正に対処することができる。場合によ

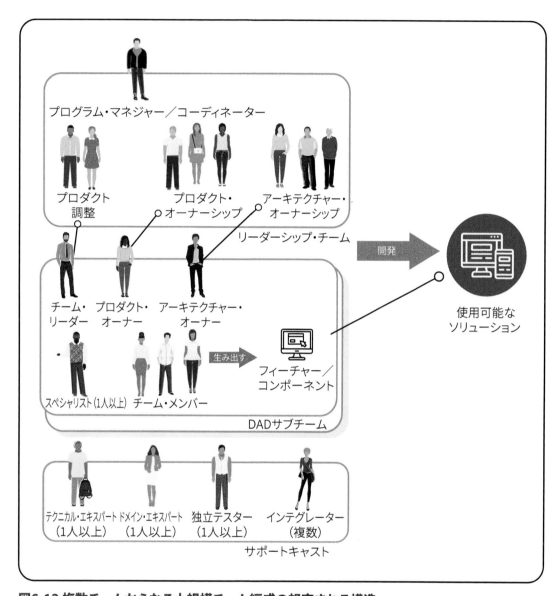

図6.13 複数チームからなる大規模チーム編成の想定される構造

っては、次の作業ブロックを計画するために時々チーム全体で集まる必要がある。これは、SAFeがプログラム・インクリメント（PI）計画と呼ぶ技法であり、四半期ごとの開催が推奨されている。必要であれば、そうすることをわたしたちもお勧めする。

- **システム・インテグレーションとテストは並行して行われる**　図6.12に示すとおり、全体のシステム・インテグレーションとチーム横断テストを担当する独立したチームがある。理想的には、このチームの作業は最小限に抑え、やがては完全に自動化すべきだ。主に自動化されていないことが原因で、初めのうちは独立チームが必要になることが頻繁にある。しかし、わたしたちが目指すのは、この作業のできるだけ多くの部分を自動化し、残りはサブチームに任せることである。とはいえ、ロジスティック上の理由で、ソリューション全体のユーザビリティー・テストやユーザー受け入れテスト（UAT）で独立した作業が必要であることもわかっている。

- **サブチーム内で作業をできるだけ完結させる**　通常のアジャイル・チームと同様に、テスト作業の大半は、継続的インテグレーション（CI）や継続的デプロイ（CD）と併せてサブチーム内で行われるべきだ。
- **いつでもデプロイできる**　これについては、わたしたちはCDアプローチを好むが、アジャイル・プログラムを始めたばかりのチームであれば、四半期ごとリリースから始め（もっと間隔が空いてもよい）、少しずつリリース・ケイデンスを改善していく方法もあるだろう。CDに不慣れなチームは移行フェーズが必要になる可能性が高い。最初の数回は、移行フェーズを「ハードニング・スプリント」や「デプロイ・スプリント」と呼ぶ人もいる。プロセス・ゴール「価値提供の迅速化」では、デリバリー・チームのリリースのさまざまな選択肢が提示されている。プロセス・ブレード「リリース・マネジメント」[ReleaseManagement]では、組織レベルの選択肢が提示されている。プロセス・ブレードには、プロセスに関する凝集度の高い一連の選択肢（プラクティス、戦略など）が含まれている。コンテキストに応じて選択肢から適切なものを選び、適用する必要がある。プロセス・ブレードはそれぞれ特定のケーパビリティ、たとえば、財務、データ・マネジメント、マーケティング、ベンダー・マネジメントなどに対応している。プロセス・ブレードもプロセス・ゴールと同様にプロセス・ゴール図に示されている。
- **スケーリングは難しい**　問題によっては大規模なチームが必要だが、成功するには自分が何をしているのかを把握しておかなければならない。小規模チームのアジャイルに苦労しているうちは、大規模チームのアジャイルには時期尚早である。さらに、第3章で説明したように、チームの規模は、チームが取り組む必要がある六つのスケーリング・ファクターの一つにすぎない。他の五つは、地理的分散、ドメインの複雑さ、技術の複雑さ、組織的分散、規制コンプライアンスである。これらの課題の詳細については、PMI.org/disciplined-agile/agility-at-scaleを参照のこと。

各ライフサイクルをいつ採用すべきか？

どのチームも自分たちのライフサイクルを選ぶべきだ。しかしその方法は？この選択をポートフォリオマネジメント・チームに任せるという考えは魅力的だ。少なくとも、彼らのためにはなる。せいぜい、取り組みの立ち上げ時に（願わくは堅実な）提案はしてくれるはずだが、ライフサイクルを効果的なものにしたいなら、その選択は最終的にチームがすべきだ。これは、特にアジャイルやリーンを始めたばかりのチームにとっては、難しい選択になる可能性がある。DADはプロセスの意思決定の足場を用意しており、その重要な部分は、図6.14のフローチャートを含むライフサイクルを選択するためのアドバイスである。

もちろん、提供しているのはこのフローチャートだけではない。図6.15は、ライフサイクルの選択時に考慮すべき重要なファクターを示している。これは状況コンテキスト・フレームワーク（SCF）[SCF]に基づいている。デリバリー・ライフサイクルを選ぶときに考慮すべき制約ファクターは次のとおりだ。

1. **チームのスキル**　二つの継続的デリバリー（CD）のライフサイクルでは、チームに多くのスキルと規律が必要である。DADの他のライフサイクルでもスキルと規律が必要だが、この二つのCDライフサイクルでは突出してその必要性が高い。連続型ライフサイクルでは、連続型のハンドオフ指向の性質上、比較的スキルの低いメンバーでも対応でき、狭い範囲のスキルしか持たないスペシャリストを各フェーズに配置することもできる。とはいえ、スキルの高いメンバーがいる従来のチームもたくさん見てきた。
2. **チームと組織の文化**　アジャイル型ライフサイクルと継続的デリバリー・ライフサイクルでは、チーム内にも、チームが関わる組織の別部門にも高い柔軟性が必要である。リーン戦略は、柔軟性の程度がさまざまな組織に適用できる。連続型は、柔軟性に欠ける状況でも適用可能であり、実際適用されることが多い。
3. **問題の性質**　継続的デリバリー・ライフサイクルは、非常に小さいインクリメントでビルドおよびリリースできる場合に高い効果を発揮する。他のDADライフサイクルは、比較的小さいインクリメントで高い効果を発揮する。連続型は大きなリリース向きである。

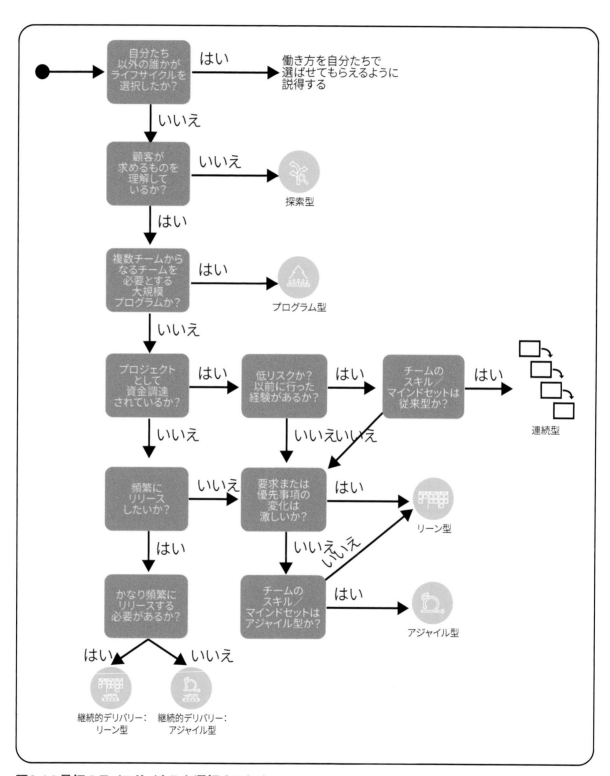

図6.14 最初のライフサイクルを選択するためのフローチャート

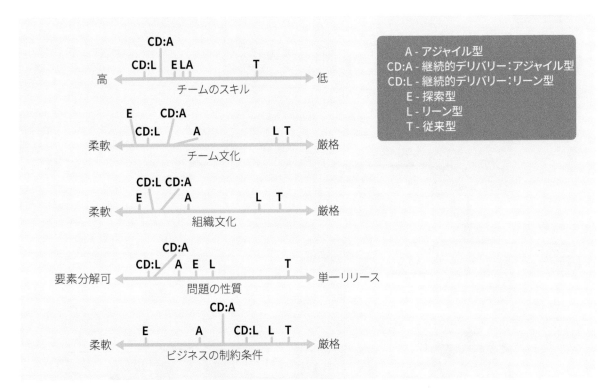

図6.15 ライフサイクルを選ぶための選択ファクター

4. **ビジネスの制約条件**　財務や資金調達の柔軟性も重要だが、ここでの主な課題は、ステークホルダーが対応できるか、そして意欲があるか、である。探索型ライフサイクルでは、ステークホルダー側に柔軟で顧客指向の実験的なマインドセットが必要である。アジャイルは、完成したフィーチャーをリリースする傾向があるため、ステークホルダーとの関わり方にも柔軟性が求められる。（訳註：アジャイルはイテレーション期間で設定されるタイミングでフィーチャーがリリースされるため、そのタイミングに合わせてステークホルダー側にも"受け手"としての準備とそれに付随する調整が必要になる。）意外にも、継続的デリバリー・ライフサイクルはステークホルダーの柔軟性をあまり必要としない。機能をオフにしてリリースできるからだ。そのため、（オンに切り替えるだけで）リリースのタイミングをより自在にコントロールできる。（訳註：ステークホルダーの準備ができたら"オン"にすればよい、という意味で、ステークホルダー側の負担がアジャイルよりも少ない）

プロセス・ゴール「働き方の進化」に、六つのDADライフサイクルと、DADではまだ明示的に対応していないその他のライフサイクル（連続型など）に関連するトレードオフを扱うディシジョン・ポイントがある。

異なるライフサイクルに共通するマイルストーン

わたしたちがDAの採用を支援してきた多くの組織では、シニア・リーダーシップが、そしてしばしば中間マネジメントも、デリバリー・チームに働き方の選択を許可することにかなり消極的だった。ここでの課題は、従来のマインドセットの影響で、チームは同じ「反復可能なプロセス」に従わなければならないと考えがちなことだ。そうしないとシニア・リーダーシップがチームを監督したり指導したりできないというわけである。このマインドセットには二つの重大な誤解がある。第一に、共通のプロセスを強制しなくても全チームに共通するガバナンスは実現できるということだ。そのための土台となるのは、全ライフサイクルに共通のリスクベースの（作成物ベースではない）マイルストーンを採用することである。これはまさにDADが行っていることだ。図6.16に、これらの共通のマイルストーンが示されている。第二に、反復可能な成果のほうが、反復可能なプロセスよりもはるかに重要だということだ。ステークホルダーが望むことは、彼らが行ったIT投資が賢く使われることだ。自分たちの実際のニーズを満

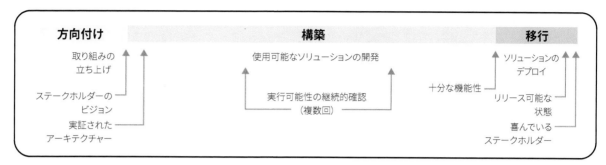

図6.16 ライフサイクル全体の共通マイルストーン

たすソリューションを開発し、そして進化させてほしいと望んでいる。さらに、そうしたソリューションの迅速な提供を望んでいる。ステークホルダーが望むのは、市場での競争が有利になるようなソリューションである。ステークホルダーが何度となく（たとえば繰り返し）求めるのはこうした成果であり、そのためにわたしたちがどのプロセスに従うかはまったく関心がない。アジャイル・チームやリーン・チームの効果的なガバナンス戦略について詳しくは、プロセス・ゴール「チームのガバナンス」を参照のこと。

DADのリスクベースのマイルストーンについてもう少し詳しく見ていこう。

1. **ステークホルダーのビジョン**　方向付けフェーズの目的は、短いながらも十分な時間（通常は数日〜数週間）をかけて、イニシアチブが合理的であり構築フェーズに進んでよいというステークホルダーの合意を得ることだ。デリバリー・チームは、DADの方向付けフェーズの各ゴールに取り組むことで、*初期の*スコープ、技術、スケジュール、予算、リスクに関連する従来のプロジェクト情報や、その他の情報をできるだけシンプルな方法で把握する。これらの情報は統合されて、プロセス・ゴール「共通ビジョンの策定」で説明するようにビジョン記述書としてステークホルダーに提示される。ビジョンの書式や、レビューをどの程度形式的に行うかは、状況によって異なる。一般的なプラクティスは、方向付けフェーズの最後に主要なステークフォルダーと短いスライド集をレビューして、プロジェクトの意図とデリバリー・アプローチに関して全員の認識が一致していることを確認する。

2. **実証されたアーキテクチャー**　早い段階でリスクを軽減することは、優れたエンジニアリング規律の一部である。プロセス・ゴール「アーキテクチャーを早い時期に実証する」が示すように、採り得る戦略はいくつかあ

明確なフェーズとガバナンスでマネジメント好みのアジャイルを実現

ダニエル・ギャニオンは、カナダ最大手金融機関2社で10年近く、アジャイルの実践とデリバリーの最前線で働いてきた。彼は、DAを包括的なツールキットとして利用することについてこう語っている。「わたしは大手金融機関2社で、DAを「最上位の」アプローチとして利用することの実用的な利点を実証することに着手しました。大規模で複雑な組織でのプロセスのテーラリングでは、四つ（現在は五つ）のライフサイクルに対して、多数のコンテキスト固有の実装を施す必要があることがはっきりします。DAを使うことで、他のフレームワークで対応できないさまざまな可能性を実現することができます。しかし、すべての選択肢が、DAが提示する「方向付け」、「構築」、「移行」の各フェーズと、それに付随する軽量でリスクベースのマイルストーンによって支えられているため、わたしたちはこれを「構造化された自由」と呼んでいます。これらのフェーズはPMOにとって馴染み深いものです。つまり、要塞化されたPMOのポジションに正面攻撃を仕掛けているのではなく、リーンでイテレーティブかつインクリメンタルな方法でガバナンスに変化をもたらしているのです。」

る。最も効果的な戦略は、実際に動作するエンドツーエンドのスケルトンコードをビルドし、技術的にリスクのあるビジネス要求を実装することだ。DADのアーキテクチャー・オーナーの役割の主な責任は、方向付けフェーズでリスクを特定することである。これらのリスクは、構築フェーズに入り1〜3回のイテレーションのどこかで関連機能を実装することで、削減または排除されることが期待される。このアプローチを適用した結果、初期のイテレーション・レビューやデモでは、機能要求に加えて、あるいは機能要求の代わりに、非機能要求（NFR）に対応したソリューションの能力が披露されることがよくある。そのため、アーキテクチャに精通したステークホルダーに、こうしたマイルストーン・レビューに参加する機会を与えることが重要だ。

3. **実行可能性の継続的確認**　リリース・スケジュールに含めるオプションのマイルストーンは、プロジェクトの実行可能性に関連している。プロジェクトのある時点で、方向付けフェーズの最後に合意したビジョンにチームが取り組んでいることを確認するために、ステークホルダーからチェックポイントを要請されることがある。こうしたマイルストーンを予定に組み込むと、ステークホルダーは、プロジェクト状況を評価して必要に応じて変更事項に同意するためにチームと集まるべき重要な日程を認識することができる。同意する変更事項は、資金調達レベル、チーム構成、スコープ、リスク・アセスメントから、プロジェクトのキャンセルまで多岐にわたる。こうしたマイルストーンには、長期プロジェクトに関するものもあるだろう。ただし、こうしたマイルストーン・レビューを実施するよりも、もっと頻繁に本番環境にリリースするほうが現実的な解決策だ。実際の利用状況、もしくは利用されていない状況を確認することで、ソリューションが実行可能かどうかが明確に示される。

4. **十分な機能性**　各イテレーションの最後に、使用可能なソリューション（スクラムでは「出荷可能なインクリメント」と呼ばれる）を作り上げるというゴールを追求する価値はあるが、実際によく見られるのは、チームがデプロイに値する十分な機能を実装するために、構築フェーズのイテレーションを複数回繰り返すという姿だ。これは最小実行可能プロダクト（MVP）と呼ばれることもあるが、技術的に正確な呼び方とは言えない。本来、MVPは、プロダクトの実行可能性をテストするためのものであり、最小限のデプロイ可能な機能を示すものではない。このマイルストーンに対するより正確な用語は、「最小フィーチャー・セット」または図6.11に示す「最小ビジネス・インクリメント」（MBI）である。MBIは、既存のプロダクトやサービスに対する最小の実行可能な拡張であり、顧客にとって価値の実現になるものを提供する。MBIは、一つ以上の「最小市場性フィーチャー」（MMF）で構成され、MMFはソリューションのエンドユーザーにプラスの成果を提供する。成果は、複数のユーザー・ストーリーを介して実装する必要があるかもしれない。たとえば、エンド・ユーザーがeコマース・システムでアイテムを検索しても、見つけたアイテムをショッピング・カートに追加できないなら、エンド・ユーザーにとっての付加価値はない。「十分な機能性」というDADのマイルストーンに到達するのは、構築フェーズの最後である。つまり、MBIが利用可能になり、リリースをステークホルダーに移行するコストが正当と認められた時点だ。たとえば、2週間のイテレーションごとに使用可能なソリューションのインクリメントができあがっても、コンプライアンスの厳しい環境にデプロイするには数週間かかるため、さらに多くの機能が完成するまでデプロイコストが正当と認められないことがある。

5. **リリース可能な状態**　十分な機能性を開発してテストしたら、通常は移行関連のアクティビティを完了する必要がある（データ変換、最終的な受け入れテスト、本番環境、サポート関連の文書など）。こうしたアクティビ

MVP対MBI

ダニエル・ギャニオンはこうアドバイスしている。MVPは組織が**利己的な**理由で行うものだと認識すること。要するに学ぶことが目的であって、顧客に本格的なソリューションを提供することが目的ではない（機能が曖昧なことさえある！）。これに対しMBIは、**利他的**である。つまり、顧客のニーズがすべてなのだ。

ティの大部分は、機能の各インクリメントを完成させる作業の一環として、構築フェーズで継続的に行われることが理想だ。どこかの時点で、ソリューションが本番環境にリリース可能な状態だという意思決定をしなければならない。それがこのマイルストーンの目的である。二つのプロジェクト・ベースのライフサイクルには移行フェーズがあり、「リリース可能な状態」マイルストーンはこのフェーズでレビューとして実施されるのが一般的だ。一方、二つの継続的デリバリー・ライフサイクルでは、移行やリリースのアクティビティが完全に自動化されており、このマイルストーンもプログラムによって処理される。通常、ソリューションは自動回帰テストに合格し、自動分析ツールによって十分な品質を備えていると判定されなければならない。

6. **喜んでいるステークホルダー**　言うまでもなく、ガバナンスの主体やその他のステークホルダーは、イニシアチブがいつ正式に終了するのかを知りたがっている。それがわかれば、別のリリースを開始したり、資金を他に向けたりできるからだ。イニシアチブはソリューションのデプロイで終わりではない。プロジェクトには完了アクティビティがある。たとえば、トレーニング、デプロイの調整、サポートへの引き継ぎ、実装後レビュー、ソリューションが完了と見なされる前の保証期間などである。DAの原則の一つは顧客を喜ばせることである。つまり、顧客を「満足させる」ではハードルが低すぎるということだ。通常は適切なメトリクスを収集して分析し、ステークホルダーを喜ばせたかどうかを確認する必要がある。これは「ベネフィット実現」とも呼ばれる。

ライフサイクルは出発点にすぎない

DADチームは、あるライフサイクルから別のライフサイクルへと進化することが多い。なぜなら、DADチームは常に「フローを最適化する」ことに努め、経験や意図的な実験を通して学びながら働き方を改善することを目指しているからだ。図6.17は、チームが経験する一般的な進化の道筋を示している。図6.17に示す期間は、わたしたちの経験に基づき、チームがディシプリンド・アジャイル®(DA)トレーニングとディシプリンド・アジャイル・コーチ(DAC)™のサポートがある場合の例を示している。これらのサポートがない場合、概して期間は長くなり、総コストも高くなることが予想される。従来のチームがより効果的な働き方に移行するのを支援する際の一般的なアプローチは、アジャイル型ライフサイクルから始めることだ。これは「いちかばちか」のアプローチだが、経験的にかなり効果的といえる。ただし、変化に抵抗する文化では難しいこともわかっている。この図の二つ目の道筋は、従来のチームがリーン・カンバン[Anderson]から始めるアプローチだ。まず既存の働き方から出発して、少しずつ小さい変化を積み重ねながらリーン型ライフサイクルへ移行していく。これならあまり混乱を招かないが、チームは

ライフサイクルの進化は素晴らしいこと

誤解のないように言っておくが、スクラムは素晴らしいものであり、わたしたちの二つのアジャイル型ライフサイクルの中心的な存在だ。しかし、アジャイル・コミュニティでは、その規範的な側面に対する反発が高まっている。共著の*Introduction to Disciplined Agile Delivery*で述べているように、実際には、高度なアジャイル・チームやスクラム・チームが、「リーン」になりながら(スリム化を図りながら)、毎日のミーティング、計画、見積り、レトロスペクティブ(振り返り)といったスクラムのプロセスの無駄を省くのを頻繁に目にする。スクラム・コミュニティは、このような行為をすぐに「スクラムを利用しているだけど」と言って排斥する。ある程度はスクラムを実践するが、すべてではないと。しかし、チームは無駄なアクティビティを付加価値の提供に置き換えているのだから、これは自然な進化だとわたしたちは見ている。こうしたチームは毎日、一日を通して自然にコラボレーションする性質があるため、ケイデンスを先延ばししてこうしたセレモニーを行う必要はなく、JITベースで必要なときに行うのを好む。わたしたちは、これを素晴らしいこと、自然なことだと思っている。

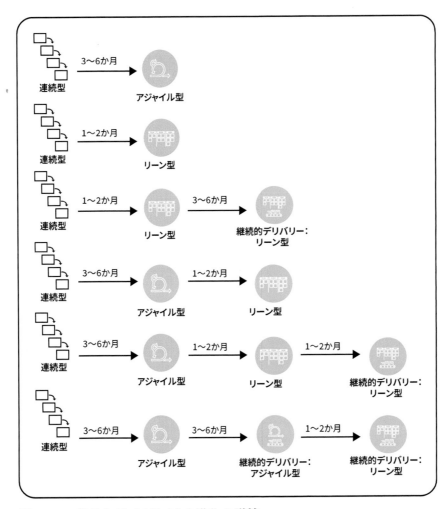

図6.17 一般的なライフサイクル進化の道筋

往々にしてカンバン・ボードの列に従来の専門分野を示すというサイロ化されたやり方で作業し続けるため、改善がかなり遅いという結果になる可能性がある。

図6.17には、プログラム型ライフサイクルまたは探索型ライフサイクルが適合する場合が示されていない。第一に、この図は、ある意味でプログラム型ライフサイクルに当てはまる。まず、アジャイル・プログラム・アプローチ（Nexus、SAFe、LeSSなどのスケーリング・フレームワークで実際に行うことに類似)を採用できる。この場合、プログラムが通常のケイデンスで（たとえば四半期ごと）大きなインクリメントをリリースする。また、リーン・プログラム・アプローチも採用できる。この場合は、サブチームが機能を本番環境にリリースしてから、必要に応じてプログラム・レベルで機能をオンに切り替える。第二に、この図は完全なデリバリーライフサイクルに焦点を当てているが、探索型ライフサイクルはそもそも完全なデリバリーライフサイクルではない。探索型ライフサイクルは通常、市場向けのオファリング候補に関する仮説をテストするために利用される。アイデアが十分に具体化され、プロダクトが成功すると思われたら、チームは図6.17のいずれかのデリバリー・ライフサイクルに移行する。探索型ライフサイクルはこのように、チームが行う方向付けフェーズの作業の大部分を代わりに引き受ける。もう一つの一般的なシナリオは、チームが開発の最中に主要なフィーチャーの新しいアイデアを思い付き、本格的に開発作業に取り組む前にさらに探求する必要がある場合だ。そこでチームは、フィーチャーのアイデアを具体化するか、市場での実行可能性を反証するまで、探索型ライフサイクルに切り替えることになる。

まとめ

本章では、次の主なコンセプトについて説明した。

- 組織内の一部のチームは、依然として連続型ライフサイクルに従うことになる。DADはこれを明確に認識しているが、このカテゴリーの作業は縮小していくため、サポートは提供しない。
- DADは、アジャイル戦略またはリーン戦略に基づく六つのソリューション・デリバリー・ライフサイクル（SDLC）からライフサイクルを選び、それを進化させていくために必要な足場を提供する。
- プロジェクトベースのライフサイクルは（アジャイル型とリーン型のライフサイクルでさえも）複数のフェーズを経る。
- どのライフサイクルにも一長一短がある。各チームは、自分たちのコンテキストに最も当てはまるものを選択しなければならない。
- 共通のリスクベースのマイルストーンにより、ガバナンスの一貫性を確保できる。ガバナンスのために全チームに同じプロセスを強制する必要はない。
- チームは任意のライフサイクルから出発し、多くの場合は働き方を継続的に改善しながらそこから離れて進化していく。

第7章

規律ある成功

ディシプリンド・アジャイル・デリバリー（DAD）を「複雑」と言う人もいる。なぜならDADは、単に少数の「ベストプラクティス」を集めてそれに従うよう指示しているのではなく、目的に適合した働き方（WoW）の選択を支援することに焦点を当てているからだ。複雑と片づけられてしまうのは残念だ。ITソリューションの効果的なデリバリーはこれまでも、そしてこれからも決して単純ではないというのが不都合な真実なのだから。ディシプリンド・アジャイル（DA）のツールキットは、エンタープライズ規模の環境でわたしたちがプロとして直面する本質的な複雑さをありのままに映し出し、その複雑さに対処するためのツールを提供している。

アジャイルを実践しているなら、すでにDAを使っている

たとえば、スクラムを考えてみよう。スクラムは、DADの二つのライフサイクルのサブセットである。つまり、スクラムを実践していれば、実質的に一種のDADを実践していることになる。しかし、参照しているのがスクラムのみである場合、検討が必要な事柄を認識していない、あるいは最高のパフォーマンスを引き出すうえで役立つ補完的なプラクティスを利用していない可能性が高い。わたしたちの経験では、アジャイルでなかなか高いパフォーマンスを出せない場合、役立つ戦略に気づいていないか、経験不足、知識不足、または純粋主義のアジャイル・コーチのアドバイスを受けていることがある。

DAはエンタープライズ向けのアジャイルだ

残念ながら、わたしたちの業界には自分のやり方が唯一の正道であり、自分達が理解していることがすべてだと信じている、いわゆる「ソート・リーダー」と呼ばれる人達で溢れている。DAは、幅広い業界や組織、あらゆる種類のイニシアチブ（プロジェクトベースもプロダクトベースも含め、大小問わず）の経験から得た知見に基づいている。DAならではの柔軟性と順応性は、DAが頼りになるツールキットである理由の一つだ。DAが*合理的*である所以は、次を重視するからである。

1. 純粋主義アプローチ**よりも**実用的で特定の考え方に依存しないこと
2. 画一的アプローチ**よりも**コンテキスト駆動の意思決定
3. 規範的アプローチ**よりも**戦略の選択

「スクラムのみを専門」にしている場合、働き方を最適化する大きな機会を見逃している可能性が高い。実際スクラムは、多くの状況で使用するには悪しきライフサイクルだ。そのため、今あなたが本書を読んでいるときでも、組織にはリーンベースやカンバンベースのアプローチといったスクラム以外のアプローチを採用しているチームがあるのだ。スクラムのみ、あるいはSAFe、Nexus、LeSSなどのスクラムベースのスケーリング・フレームワークのみに頼っているのであれば、DAで視野を広げて、より適切なアプローチやプラクティスを検討することをお勧めする。

早く学習して、早く成功する

アジャイルは「早く失敗する」という言葉を好む。早く失敗して失敗から学ぶほど、必要なものに早くたどり着くという意味だ。わたしたちの経験上、実証されたコンテキストベースの戦略を参照することで、失敗を減らして早く

成功できる。わたしたちは日々の業務で絶えず意思決定を行っている。そのため、わたしたちはDAをプロセス決定ツールキットと呼んでいる。意思決定に役立つツールキットを参照しない場合、検討に必要な事柄を失念したり、働き方を改善するためにどの技法を実験するかを選定するにあたって、あまりにも限られた知識に基づいて決断を下す羽目に陥る。DAは、議論を進める上でのディシジョン・ポイントを表舞台に引き出すことで、暗黙の了解であったものを、しっかりとした論点として明示する。たとえば、方向付けフェーズでのイニシアチブ開始時にゴール図「テスト戦略の策定」を参照すると、まるでコーチに肩を叩かれて、こんなふうに問われているようだ。「テスト方法は？」「どんな環境が必要か？」「データの入手場所は？」「ツールは？」「自動と手動の割合は？」「先にテストするのか、それとも後でテストするのか？」こうした重要な決定事項を明らかにしてチームがしっかりと検討できるようにすれば、ものごとを失念するリスクが減り、自分たちにとって効果的な戦略を選ぶ可能性が高まる。わたしたちは、これをガイド付き継続的改善（GCI）と呼んでいる。

DAブラウザを活用する

ゴール図は、すぐに参照できるようにPMI.org/disciplined-agile/process/introduction-to-dad/process-goalsに公開されている。ゴール図の詳細については、PMI.org/disciplined-agile/da-browserでオンラインで参照できる。わたしたちが実際にコーチングするときは定期的にゴール図を参照して、あるプラクティスが特定の状況で他のプラクティスより効果的でない理由や、代わりに検討すべき選択肢について説明する。レトロスペクティブ（振り返り）には好きなデバイスを持参し、チームがプロセス・ゴールの達成に苦戦している場合は、状況を是正するために実験できる選択肢やツールをその場で確認しよう。あなたがコーチなら、チームが利用可能な選択肢とトレードオフを理解するのを助ける上で、DAが役立つはずだ。

認定資格に投資して新しく学んだ知識を維持する

本書で学んだ新しい技法は、読者のアジャイル実務者としてのレベルを上げ、イニシアチブを成功させる可能性を高めるものと確信している。大切なのは、せっかく学んだ新しいアイデアを記憶にしっかりととどめておくことだ。ここで学んだ新しい知識を定着させるために、内容を復習して認定試験を受験することをお勧めする。試験は難しいが、合格すれば価値のある確かな証明になり、胸を張ってLinkedInプロフィールを更新できる。わたしたちがこれまで携わった企業では、学習と認定資格に投資したチームのほうが、選択肢やトレードオフを理解していないチームより優れた意思決定ができ、したがってパフォーマンスも高かった。優れた意思決定は、優れた成果につながる。

認定試験の教材で学習し、認定を取得してそれを証明することに投資しよう。アジャイリストとして成長すれば、周囲の人たちも注目するだろう。PMI®アジャイル認定までの道のりについては、PMI.org/certifications/japanese-agile-certifications-journeyを参照のこと。

コミュニティにぜひ参加を

ディシプリンド・アジャイル・コミュニティへの参加もお勧めしたい。新しいアイデアやプラクティスはコミュニティから生まれ、絶えずDAに組み込まれている。互いに学びながら、学習を継続してDAの達人を目指そう。

参考資料

[AgileDocumentation] *Agile/Lean Documentation: Strategies for Agile Software Development.* AgileModeling.com/essays/agileDocumentation.htm

[AgileModeling] Agile Modelingホームページ. AgileModeling.com

[AmblerLines2012] *Disciplined Agile Delivery: A Practitioner's Guide to Agile Software Delivery in the Enterprise.* Scott Ambler & Mark Lines, 2012, IBM Press.

[AmblerLines2017] *An Executive's Guide to Disciplined Agile: Winning the Race to Business Agility.* Scott Ambler & Mark Lines, 2017, Disciplined Agile Consortium.

[Anderson] *Kanban: Successful Evolutionary Change for Your Technology Business.* David J. Anderson, 2010, Blue Hole Press.

[Beck] *Extreme Programming Explained: Embrace Change (2nd Edition).* Kent Beck & Cynthia Andres, 2004, Addison-Wesley Publishing(邦訳『エクストリームプログラミング』ケント・ベック、シンシア・アンドレス 共著、角征典 訳、オーム社、2015年)

[Brooks] *The Mythical Man-Month, 25th Anniversary Edition.* Frederick P. Brooks Jr., 1995, Addison-Wesley(邦訳『人月の神話』フレデリック・P・ブルックス・Jr. 著、滝沢徹、牧野祐子、富澤昇 訳、丸善出版、2014年)

[CMMI] *The Disciplined Agile Framework: A Pragmatic Approach to Agile Maturity.* DisciplinedAgileConsortium.org/resources/Whitepapers/DA-CMMI-Crosstalk-201607.pdf

[CockburnHeart] Heart of Agileホームページ. HeartOfAgile.com

[CoE] センター・オブ・エクセレンス(CoE). PMI.org/disciplined-agile/people/centers-of-excellence

[ContinuousImprovement] 継続的改善. PMI.org/disciplined-agile/process/continuous-improvement

[CoP] プラクティス・コミュニティ(CoP). PMI.org/disciplined-agile/people/communities-of-practice

[Coram] *Boyd: The Fighter Pilot Who Changed the Art of War.* Robert Coram, 2004, Back Bay Books.

[Cynefin] *A Leader's Framework for Decision Making.* David J. Snowden & Mary E. Boone, *Harvard Business Review*, November 2007. hbr.org/2007/11/a-leaders-framework-for-decision-making

[DABrowser] ディシプリンド・アジャイル・ブラウザ PMI.org/disciplined-agile/da-browser

[DADRoles] DADチームの役割. PMI.org/disciplined-agile/people/roles-on-dad-teams

[DAHome] ディシプリンド・アジャイル・ホームページ. PMI.org/disciplined-agile

[DALayers] ディシプリンド・アジャイル・ツールキットのレイヤー. PMI.org/disciplined-agile/ip-architecture/layers-of-the-disciplined-agile-tool-kit

[Deming] *The New Economics for Industry, Government, Education.* W. Edwards Deming, 2002, MIT Press(邦訳『デミング博士の新経営システム論：産業・行政・教育のために』W・エドワーズ・デミング 著、NTTデータ通信品質管理研究会 訳、NTT出版、1996年)

[Denning] *The Agile of Agile: How Smart Companies Are Transforming the Way Work Gets Done.* Stephen Denning, 2018, AMACON.

112 Choose Your WoW!

[Doer] *Measure What Matters: How Google, Bono, and the Gates Foundation Rock the World with OKRs.* John Doer, 2018, Penguin Publishing Group(『メジャー・ホワット・マターズ：伝説のベンチャー投資家がGoogleに教えた成功手法OKR』ジョン・ドーア 著、土方奈美 訳、日本経済新聞出版社、2018年)

[DSDM] *Dynamic Systems Development Method(DSDM).* Jennifer Stapleton, 1997, Addison-Wesley Professional.

[ExecutableSpecs] *Specification by Example: How Successful Teams Deliver the Right Software.* Gojko Adzic, 2011, Manning Press.

[Fowler] *The State of Agile Software in 2018.* Martin Fowler, MartinFowler.com/articles/agile-aus-2018.html

[Gagnon] *A Retrospective on Years of Process Tailoring Workshops.* Daniel Gagnon, 2018, ProjectManagement.com/blog-post/61957/A-retrospective-on-years-of-process-tailoring-workshops

[GenSpec] *Generalizing Specialists: Improving Your IT Career Skills.* AgileModeling.com/essays/generalizingSpecialists.htm

[Goals] プロセス・ゴール. PMI.org/disciplined-agile/process-goals

[Goldratt] *The Goal: A Process of Ongoing Improvement—3rd Revised Edition.* Eli Goldratt, 2004, North River Press.

[Google] *Five Keys to a Successful Google Team.* Julia Rozovsky, n.d., https://rework.withgoogle.com/blog/five-keys-to-a-successful-google-team/

[GQM] *The Goal Question Metric Approach.* Victor R. Basili, Gianluigi Caldiera, & H. Dieter Rombach,1994, http://www.cs.toronto.edu/~sme/CSC444F/handouts/GQM-paper.pdf

[Highsmith] *Agile Software Development Ecosystems.* Jim Highsmith, 2002, Addison-Wesley(邦訳『アジャイルソフトウェア開発エコシステム』ジム・ハイスミス 著、テクノロジックアート 訳、長瀬嘉秀、今野睦 監訳、ピアソン・エデュケーション、2003年)

[Host] ホスト・リーダーシップ・コミュニティ. HostLeadership.com

[HumbleFarley] *Continuous Delivery: Reliable Software Releases through Build, Test, and Deployment Automation.* Jez Humble & David Farley, 2010, Addison-Wesley Professional(邦訳『継続的デリバリー：信頼できるソフトウェアリリースのためのビルド・テスト・デプロイメントの自動化』ジェズ・ハンブル、デイビット・ファーリー 著、和智右桂、髙木正弘 訳、KADOKAWA、2017年)

[Kim] *DevOKimps Cookbook.* RealGeneKim.me/devops-cookbook/

[Kerievsky] *Modern Agile.* ModernAgile.org/

[Kersten] *Project to Product: How to Survive and Thrive in the Age of Digital Disruption With the Flow Framework.* Mik Kersten, 2018, IT Revolution Press.

[Kerth] *Project Retrospectives: A Handbook for Team Reviews.* Norm Kerth, 2001, Dorset House.

[Kotter] *Accelerate: Building Strategic Agility for a Faster Moving World.* John P. Kotter, 2014, Harvard Business Review Press.

[Kruchten] *The Rational Unified Process: An Introduction 3rd Edition.* Philippe Kruchten, 2003, Addison-Wesley Professional(邦訳『ラショナル統一プロセス入門 第3版』フィリップ・クルーシュテン 著、藤井拓 監訳、アスキー、2004年)

[LeanChange1] *The Lean Change Method: Managing Agile Organizational Transformation Using Kanban, Kotter, and Lean Startup Thinking.* Jeff Anderson, 2013, Createspace.

[LeanChange2]リーン・チェンジ・マネジメント・ホームページ. LeanChange.org

[LeSS] *The LeSS Framework*. LeSS.works.

[LifeCycles]アジャイルの完全デリバリー・ライフサイクル. PMI.org/disciplined-agile/lifecycle

[Liker] *The Toyota Way: 14 Management Principles from the World's Greatest Manufacturer*. Jeffery K. Liker, 2004, McGraw-Hill(邦訳『ザ・トヨタウェイ<上下>』ジェフリー・K・ライカー 著、稲垣公夫 訳、日経BP社、2004年)

[LinesAmbler2018] *Introduction to Disciplined Agile Delivery 2nd Edition: A Small Agile Team's Journey from Scrum to Disciplined DevOps*. Mark Lines & Scott Ambler, 2018, Project Management Institute.

[Manifesto] *The Agile Manifesto*. AgileManifesto.org

[MCSF] *Team of Teams: New Rules of Engagement for a Complex World*. S. McChrystal, T. Collins, D. Silverman, & C. Fussel, 2015, Portfolio(邦訳『TEAM OF TEAMS：複雑化する世界で戦うための新原則』スタンリー・マクリスタル、タントゥム・コリンズ、デビッド・シルバーマン、クリス・ファッセル 著、吉川南、尼丁千津子、高取芳彦 訳、日経BP社、2016年)

[Meadows] *Thinking in Systems: A Primer*. Daniella H. Meadows, 2015, Chelsea Green Publishing(邦訳『世界はシステムで動く：いま起きていることの本質をつかむ考え方』ドネラ・H・メドウズ 著、枝廣淳子 訳、英治出版、2015年)

[Nonaka] *Toward Middle-Up-Down Management: Accelerating Information Creation*. Ikujiro Nonaka, 1988, https://sloanreview.mit.edu/article/toward-middleupdown-management-accelerating-information-creation/

[Nexus] *The Nexus Guide*. Scrum.org/resources/nexus-guide

[Pink] *Drive: The Surprising Truth About What Motivates Us*. Daniel H. Pink, 2011, Riverhead Books(邦訳『モチベーション3.0：持続する「やる気！」をいかに引き出すか』ダニエル・ピンク 著、大前研一 訳、講談社、2010年)

[Poppendieck] *The Lean Mindset: Ask the Right Questions*. Mary Poppendieck & Tom Poppendieck, 2013, Addison-Wesley Professional.

[Powers] *Powers' Definition of the Agile Mindset*. AdventuresWithAgile.com/consultancy/powers-definition-agile-mind-set/

[Prison]Tear Down the Method Prisons! Set Free the Practices! I. Jacobson & R. Stimson, *ACM Queue*, January/February 2019.

[Reifer] *Quantitative Analysis of Agile Methods Study (2017): Twelve Major Findings*. Donald J. Reifer, 2017, InfoQ.com/articles/reifer-agile-study-2017

[Reinertsen] *The Principles of Product Development Flow: Second Generation Lean Product Development*. Donald G. Reinertsen, 2012, Celeritis Publishing.

[ReleaseManagement]リリース・マネジメント. PMI.org/disciplined-agile/process/release-management

[Ries] *The Lean Startup: How Today's Entrepreneurs Use Continuous Innovation to Create Radically Successful Businesses*. Eric Ries, 2011, Crown Business(邦訳『リーン・スタートアップ：ムダのない起業プロセスでイノベーションを生みだす』エリック・リース 著、井口耕二 訳、日経BP社、2012年)

[RightsResponsibilities]チーム・メンバーの権利と責任. PMI.org/disciplined-agile/people/rights-and-responsibilities

[Rubin] *Essential Scrum: A Practical Guide to the Most Popular Process*. Ken Rubin, 2012, Addison-Wesley Professional（邦訳『エッセンシャルスクラム：アジャイル開発に関わるすべての人のための完全攻略ガイド』ケネス ラビン 著、岡澤裕二、角征典、髙木正弘、和智右桂 訳、翔泳社、2014年）

[SAFe] *SAFe 4.5 Distilled: Applying the Scaled Agile Framework for Lean Enterprises (2nd Edition)*. Richard Knaster & Dean Leffingwell, 2018, Addison-Wesley Professional（邦訳『SAFe 4.5のエッセンス：組織一丸となってリーン-アジャイルにプロダクト開発を行うためのフレームワーク』リチャード・ナスター、ディーン・レフィングウェル 著、オージス総研 訳、藤井拓 監訳、星雲社、2020年）

[SCF] *Scaling Agile: The Situation Context Framework*.
PMI.org/disciplined-agile/agility-at-scale/tactical-agility-at-scale/scaling-factors

[SchwaberBeedle] *Agile Software Development With SCRUM*. Ken Schwaber & Mike Beedle, 2001, Pearson（邦訳『アジャイルソフトウェア開発スクラム』ケン・シュエイバー、マイク・ビードル 著、スクラム・エバンジェリスト・グループ 訳、テクノロジックアート 編、長瀬嘉秀、今野睦 監訳、ピアソン・エデュケーション、2003年）

[Schwartz] *The Art of Business Value*. Mark Schwartz, 2016, IT Revolution Press.

[ScrumGuide] *The Scrum Guide*. Jeff Sutherland & Ken Schwaber, 2018,
Scrum.org/resources/scrum-guide

[SenseRespond] *Sense & Respond: How Successful Organizations Listen to Customers and Create New Products Continuously*. Jeff Gothelf & Josh Seiden, 2017, Harvard Business Review Press.

[Sheridan] *Joy, Inc.: How We Built a Workplace People Love*. Richard Sheridan, 2014, Portfolio Publishing（邦訳『ジョイ・インク：役職も部署もない全員主役のマネジメント』リチャード・シェリダン 著、原田騎郎、安井力、吉羽龍太郎、永瀬美穂、川口恭伸 訳、翔泳社、2016年）

[SoftDev18] *2018 Software Development Survey Results*.
Ambysoft.com/surveys/softwareDevelopment2018.html

[Sutherland] *Scrum: The Art of Doing Twice the Work in Half the Time*. Jeff Sutherland & J. J. Sutherland, 2014, Currency（邦訳『スクラム：仕事が4倍速くなる"世界標準"のチーム戦術』ジェフ・サザーランド 著、石垣賀子 訳、早川書房、2015年）

[Tailoring] プロセステーラリング・ワークショップ. PMI.org/disciplined-agile/process/process-tailoring-workshops

[TDD] *Introduction to Test-Driven Development (TDD)*. Scott Ambler, 2004, AgileData.org/essays/tdd.html

[WomackJones] *Lean Thinking: Banish Waste and Create Wealth in Your Corporation*. James P. Womack & Daniel T. Jones, 1996, Simon & Schuster（邦訳『リーン・シンキング 改訂増補版』ジェームズ・P・ウォーマック、ダニエル・T・ジョーンズ 著、稲垣公夫 訳、日経BP社、2008年）

[WickedProblemSolving] 厄介な問題の解決. PMI.org/wicked-problem-solving

頭字語・略語

AIC	Agile industrial complex	アジャイル・コンビナート
AINO	Agile in name only	名ばかりのアジャイル
AO	Architecture owner	アーキテクチャー・オーナー
ATDD	Acceptance test-driven development	受け入れテスト駆動開発
BA	Business analyst	ビジネス・アナリスト
BDD	Behavior-driven development	振舞い駆動開発
CAS	Complex adaptive system	複雑適応系システム
CCB	Change control board	変更管理委員会
CD	Continuous deployment	継続的デプロイ
CI	Continuous integrationまたはContinuous improvement 継続的インテグレーションまたは継続的改善	
CMMI	Capability Maturity Model Integration	能力成熟度モデル統合
CoE	Center of expertise/excellence	センター・オブ・エクスパティーズ／エクセレンス
CoP	Community of practice	プラクティス・コミュニティ
COTS	Commercial off the shelf	商用オフザシェルフ
DA	Disciplined Agile	ディシプリンド・アジャイル
DAE	Disciplined Agile Enterprise	ディシプリンド・アジャイル・エンタープライズ
DBA	Database administrator	データベース管理者
DevOps	Development-Operations	開発‐運用
DoD	Definition of done	完了の定義
DoR	Definition of ready	準備完了の定義
EA	Enterprise architectまたはEnterprise architecture エンタープライズ・アーキテクトまたはエンタープライズ・アーキテクチャー	
FT	Functional testing	機能テスト
GCI	Guided continuous improvement	ガイド付き継続的改善
GQM	Goal question metric	ゴール‐質問メトリクス
ISO	International Organization for Standardization	国際標準化機構
IT	Information technology	情報技術
ITIL	Information Technology Infrastructure Library 情報技術インフラストラクチャー・ライブラリー	
JIT	Just in time	ジャスト・イン・タイム
KPI	Key performance indicator	重要業績評価指標
LeSS	Large Scale Scrum	大規模スクラム
MBI	Minimum business increment	最小ビジネス・インクリメント
MMF	Minimum marketable feature	最小市場性フィーチャー
MMP	Minimum marketable product	最小市場性プロダクト
MMR	Minimum marketable release	最小市場性リリース
MVC	Minimal viable change	最小実行可能変更
MVP	Minimum viable product	最小実行可能プロダクト
OKR	Objectives and key results	目標と主な結果

OODA	Observe-orient-decide-act	観察 - 方向付け - 意思決定 - 行動
PDCA	Plan-do-check-act	計画 - 実行 - チェック - 改善
PDSA	Plan-do-study-act	計画 - 実行 - 学習 - 改善
PI	Program increment	プログラム・インクリメント
PM	Project manager	プロジェクト・マネジャー
PMI	Project Management Institute	プロジェクトマネジメント協会
PMO	Project management office	プロジェクトマネジメント・オフィス
PO	Product owner	プロダクト・オーナー
PoC	Proof of concept	概念実証
ROI	Return on investment	投資対効果
RUP	Rational Unified Process	ラショナル統一プロセス
SAFe	Scaled Agile Framework	スケールド・アジャイル・フレームワーク
SCF	Situation Context Framework	状況コンテキスト・フレームワーク
SDLC	System/software/solution delivery life cycle	
	システム／ソフトウェア／ソリューション・デリバリー・ライフサイクル	
SLA	Service-level agreement	サービス・レベル・アグリーメント
SME	Subject matter expert	当該分野専門家
TDD	Test-driven development	テスト駆動開発
ToC	Theory of constraints	制約条件の理論
UAT	User acceptance test(ing)	ユーザー受け入れテスト
UI	User interface	ユーザー・インターフェース
UP	Unified process	統一プロセス
WIP	Work in process	仕掛かり作業
XP	Extreme Programming	エクストリーム・プログラミング

索引

著者紹介

スコット・W・アンブラーは、プロジェクトマネジメント協会（PMI）のディシプリンド・アジャイル担当バイス・プレジデント兼チーフ・サイエンティストとして、同協会においてディシプリンド・アジャイル（DA）ツールキットの展開を指揮している。マーク・ラインズと共同でDAツールキットを開発した人物であり、**アジャイル・モデリング（AM）**、**アジャイル・データ（AD）**、**エンタープライズ統一プロセス（EUP）**の方法論の発案者。『ディシプリンド・アジャイル・デリバリー：エンタープライズ・アジャイル実践ガイド』、『データベース・リファクタリング：データベースの体質改善テクニック』、『アジャイルモデリング：XPと統一プロセスを補完するプラクティス』、*Agile Database Techniques*、*The Object Primer – Third Edition* など、多数の共著書がある。基調講演者として各種会議にたびたび登壇し、ProjectManagement.comでブログを執筆中。Twitterアカウントは@scottwambler。

マーク・ラインズは、PMIのディシプリンド・アジャイル担当バイス・プレジデント兼ディシプリンド・アジャイル・フェロー。DAツールキットの共同開発者であり、スコット・アンブラーとディシプリンド・アジャイル関連書を何冊か共著している。基調講演者として各種会議にたびたび登壇。Twitterアカウントは@mark_lines。